青木敦子

●●

調味料を使うのがおもしろくなる本

JN285275

扶桑社文庫
0485

はじめに

調味料と料理の組み合わせといえば、胡椒なら炒め物に、ケチャップならオムライスと、迷うことなく浮かんできます。しかし、もう少し調味料の特性がわかってくると、思いもよらないマッチングができることに気づかされます。例えば、ココアに黒胡椒を3ふりして飲んでみてください。経験したことのないおいしいココアの味に驚かされます。また、料理の味つけに失敗してしまったと思ったとき、ケチャップを加えてみてください。大抵はトマト味のおいしい料理に修復できることがわかってきます。まさに調味料とは、〝味の魔法使い〟。料理の味を劇的に変えてしまうチカラを秘めているのです。

本書は、調味料が持っているチカラを、著者の視点で、丁寧に解説すると同時に、今までにない新しい使い方も提案しています。調味料は深く知れば知るほどおもしろくなってくるもの。ひとふりでガラリと味を変えてしまう調味料の魔法の世界にぜひ踏み込んでみてください。思いもしなかった新しい味を発見できます。

青木敦子

目次

いつも使っている調味料　篇

料理の腕&食生活を劇的に変えてくれる

どう使ったらいいのかちょっと悩む調味料篇

和食調味料を入れる順番の大切さ

和食(さ・し・す・せ・そ)調味料　篇

覚えておきたい調味料
ハーブ&エスニック篇

〈ハーブ篇〉

クローブ　バニラに似た香りを残すハーブ　お菓子にもよく使われる……192
ケッパー　日本ではスモークサーモンに添えられたハーブとして　イタリアではパスタソースにも……193
コリアンダー　香草　単独で使うより、シナモンなどクセのあるものと一緒に使うのがコツ……194
サフラン　パエリアでおなじみ　料理の色づけに使うハーブ……196
シナモン　桂皮の一種　独特な芳香を持ち、料理よりはお菓子によく使われる……197
セージ　ケモノの匂いがするスパイス　クセのある肉と合わせて使う……198
ターメリック　和名はウコン　インドカレーには欠かせないスパイス　二日酔いにも効く……199
タイム　臭み消しの効果が高いハーブ　特に魚料理に使われる……200
陳皮　ミカンの皮を乾燥させたもの　食欲をそそる香りづけとして……202
ディル　魚との相性が素晴らしいロシアの代表的ハーブ……203
ナツメグ　ひき肉との相性がすばらしいスパイス……204

サンバル　インドネシア、マレー料理に使われる代表的調味料　辛みづけチリソースとして……217
シーズニングソース　タイではナンプラーの次に使われる調味料　日本の醤油に近く和食にも合う……218
シュリンプペースト　少量でエビの風味を5倍アップさせる小エビの塩漬け調味料……219
チリ・イン・オイル　タイ版甘辛味噌、別名タイのXO醤　タイカレー、トムヤンクンには必ず入っている……220
豆鼓《トウチー》　日本の味噌、醤油のルーツといわれる大豆を塩漬けにした調味料……221
ハリサ　北アフリカにあるチュニジアの〝醤油〟……223

調味料のチカラ1行レシピ〈インデックス〉……224
参考文献……239

「使い方は100%知っている」と思っているアナタへ

いつも使っている調味料 篇

オイスターソースのチカラ

合いそうもない食材同士をなじませてしまう〝調整力〟のすごさ

オイスターソースは、それ自体を口にしても、しょっぱいソースという感じでクセもそれほどありません。しかし、炒め物や煮物にほんの少し加えるだけで、コクや旨みがぐっと増し、実に奥深い味わいを奏でてくれる何とも不思議な調味料です。

この不可思議な調味料の特徴を一言でいえば、〝影のフィクサー〟でしょうか。自分そのものの味は表に出さず、**自分のかかわった、あらゆる食材同士を引き立て、まとめあげる力を持っているからです。**たとえ、相性が悪い野菜であっても、オイスターソースを少し加えれば、両者の間に分け入り、コクと旨みを紡ぎ出し、円満に、そしておいしく仕上げてくれるのです。

その実力たるや相当なもの。どんな料理でも少し加えるだけで、奥行きが深く、料理の腕を確実にアップさせてくれます。

決してでしゃばらないけれど、少し使うだけで見事に全体を底上げしてくれる。映画でいえば、味のある脇役です。

私自身もオイスターソースの威力にびっくりしたことがあります。あるテレビ番組の企画で、魚とチョコレートを組み合わせて、おいしいものを作ってください、という注文がありました。ところがこれが難しいのです。ソースやケチャップなどいろいろ調味料を試しましたが、どうしてもチョコレートと魚がなじみません。食べられたものではないのです。

そこで、最後の手段と思ってオイスターソースをほんの少しだけ加えてみたのです。すると、どうでしょう！　チョコレートと魚が見事に調和して、お刺身に合うチョコレートソースが出来上がったのです。スタッフの方からも、おいしいとホメていただきました。チョコレートと魚までなじませてしまうオイスターソースの〝味の調整力〟の威力をあらためて思い知らされたものです。

◉味の調整力は、牡蠣エキスから濃縮された旨みとコクにあり！

コクと旨み成分で、魔法のような味の調整力を持つオイスターソースの秘密は、その豊富に含んだアミノ酸にあります。そのルーツは100年以上前の中国・広東省。ある料理店経営者が前日の牡蠣料理から旨みのエキスが出ていることを発見したのが始まりです。

現在の製品の原料は各メーカーによって異なりますが、一般的には牡蠣《かき》のゆで汁に、調味料、カラメル、スパイスなどを加えて濃縮して作られています。別名、牡蠣油ともいいますが、脂質はほとんど含まれていませんので、メタボリックシンドロームを気にされている方でも安心して使えます。

もともと牡蠣を原料にして作られている調味料なので、魚介類はもちろん合いますが、肉料理でもコクが深まりおいしくなります。煮物や炒め物によく使うオイスターソースですが、私は餃子やハンバーグを作るときにもほんの少し種のほうに加えて作ったりします。また、洋食のラザニアやミートソースに入れても風味がアップするのでチャレンジしてみてください。

オイスターソースの威力を手っ取り早く知りたいのであれば、インスタント焼きそばに少しふりかけて食べてみてください。味付けがぐっとまろやかに変化して、インスタントということを忘れさせてくれますよ。

知られざる
ひとふりのチカラ

❗ シュウマイ＋オイスターソース

小皿にオイスターソースを入れ、つけて食べます。シュウマイのお肉の臭みが抜けてとてもジューシーでコクのある深い味になります。

❗ 肉まん＋オイスターソース

肉まんの上に箸で穴をあけ、その穴にオイスターソースを小さじ$\frac{1}{3}$ほど注ぎます。コンビニで買える肉まんが中華街の肉まんにレベルアップ！

❗ ハンバーグ＋オイスターソース

お総菜店やコンビニのハンバーグにオイスターソースを小さじ$\frac{1}{3}$ほど加えると、ソースの味が変化して濃厚になります。オイスターソースのコクを体感できます。

オリーブオイルのチカラ

料理をさらりと仕上げてくれる油というより〝天然ジュース〟和食との相性もよし

ここ10年ほどで一気に日本に定着した感のあるオリーブオイル。あまり料理をしない人でも〝とりあえず〟キッチンに1本は眠っているのではないでしょうか。

オリーブオイルは世界でただひとつの果実油。イタリア人の感覚では油というより天然ジュースで、実際、そのままジュースのように飲んでいる人もいます。等級が定められており、最高峰がエクストラヴァージン。生のオリーブを潰して、圧縮して得られるいちばん搾りです。エクストラ〜と名乗るためには「酸度0・8％以下」という基準が法律で定められています。日本で購入するときも、まずはエクストラヴァージンを選べばハズレは少ないと思います。

オリーブオイルはパスタやサラダ、そのほかイタリア料理に主に使われていますが、もともと味・香り・成分ともに非常にバランスのとれた油です。昔ながらの圧搾法で作られているため、素材のオリーブの香りがフルーティ。好きな人には香りだけでも十分楽しめます。オイルとついていると、どうしてもくどいイメージがありますが、オリーブオイルは果実油だけあって、**料理をさらりと仕上げてくれる特徴**があります。炒め物に使うときも、素材本来の味を前面に出してくれる特性があるので余計な塩分を加えなくても大丈夫ですし、生野菜にドレッシングとして使っても香りが素材にナチュラルになじむためたくさん食べられます。香りがよく、なおかつ料理をしっとりおいしく仕上げてくれるという意味では〝潤《うるお》い調味料〟と呼んでもいいと思います。

パスタを作るときも、お皿に盛り付けたあとに最後の仕上げとしてオリーブオイルを円を描くようにひとふりしてみてください。火を通していないオリーブオイルが潤いと香りを加えてパスタや素材の味をググッと引き立てます。

実は、これはほとんどのイタリア料理店のシェフが行っている裏ワザ。家で作るパスタと外で食べるパスタはどうも違う味なんだよなと思った人は、ぜひ試してみてください。

実際、イタリアでも料理の最後の仕上げによくエクストラヴァージンをひとふりします。食べる直前に加えることで料理にオリーブオイルのフレッシュな香りづけを加え、より味をアップさせるのです。

ところで、オリーブオイルというとイタリア料理に使うものと決めつけている人が多いようです。でも、意外に和食とも合います。中でも、私のいちばんのオススメが、冷や奴＋塩＋オリーブオイル。カツオ節＆お醤油の定番味付けに匹敵するおいしさの無国籍料理に大変身します。オリーブオイルの香りが好きな人はどんな和食にかけてみてもおいしく食べられると思いますのでぜひとも試してみてください。

◉悪玉コレステロールを撃退してくれる心強い調味料

オリーブオイルは、外食が多く運動が少ない独身サラリーマンにはうってつけの調味料です。不飽和脂肪酸であるオレイン酸を豊富に含んでいるので、ＬＤＬ（悪玉）コレステロール値を低下させ、ＨＤＬ（善玉）コレステロール値を上昇させる働きがあります。つまり、メタボリック気味の人でもオリーブオイルを日常的に摂れば、コレステロール値を下げてくれます。しかもβカロテン、ビタミンＡ、Ｅ、ミネラルがバランスよく含まれていて、体の調子を整えてくれます。

知られざる ひとふりのチカラ

! 冷奴+オリーブオイル

しっかり水気を切った絹ごし豆腐にたっぷり塩、胡椒をふり、オリーブオイルを2廻しほどかけます。食欲がないときでも、1丁食べられてしまいます。口に入れたとたん、オリーブオイルのフルーティな香りが口いっぱいに広がり、お豆腐の甘さを引き立て、あっさりとしていてとてもおいしいです。

! おから+オリーブオイル

オリーブオイルの潤い効果でおからのパサパサ感がなくなり、味もマイルドに。フルーティな香りも楽しめます。

! バニラアイス+オリーブオイル

エクストラヴァージンオイルを使ってください。バニラがよりマイルドな口当たりになり、味と香りが引き立ちます。甘みか軽くなるので辛党の方にもおいしくいただけます。

おろし生姜のチカラ

臭みを消すほかに美容効果に注目！

寿司に必ずついてくる通称〝ガリ〟。生姜の甘酢漬けですが、なぜ添えられているかご存じでしょうか？

実はこれにはれっきとしたワケがあります。生姜に含まれているジンゲロンという成分には、腸チフス菌やコレラ菌等に対して強い殺菌力を持つうえに、アニサキスの幼虫も死滅させるチカラがあります。さらに解毒作用も持ち、すでに食べてしまった場合でも毒を消してくれる作用を持っています。つまり、寿司に生姜が添えられているのは、食中毒の予防のためなのです。

ちなみに、寿司に使われる酢・ワサビも殺菌作用があり、合わせて3重の予防線が張られているというわけです。生ものをおいしく安全に食べたい、という日本人の執念が、現在のお寿司のスタイルを生みだしたのでしょう。ところで、このガリという名の由来は、薄く切るときのゴリゴリという音から、または食べるときのガリッという音から、と2説あるそうです。

生姜は、古来からアジアを中心に使われてきた香辛料。日本でも豚肉の生姜焼き、冷や奴や天つゆ、刺身の薬味など、多くの料理に使われています。ワサビに比べると刺激ではかないませんが、辛みと香りが食べ物の後味をすっきりさせ、食欲を増進させてくれます。

肉や魚などに使われることが多い生姜ですが、これは**匂いや臭みを消す効果が強い**ため。たとえばアジやイワシの刺身などは何もつけないと生臭くて食べづらいですが、おろしたり刻んだりした生姜をからめれば、素材の旨みはそのままに、臭みだけをスパッと取り除いてくれます。

料理をする人には生姜を使うときのコツをひとつお教えしておきましょう。**生姜の香りは熱に弱い**ので、炒め物などで最初に入れると素材の臭みは取り除いてくれますが、その一方で香りが飛んでしまいます。生姜の味を強調したくないときはそれでもいいのですが、もし**生姜の辛みや香りを強調したいときは火を止める直前に入れ**ましょう。

◉食べる簡単エステ。美肌効果あり

生姜は古来から漢方薬のひとつとしても愛用されてきました。体を温めたり、胃の調子を整えたり、神経系統を正常にする効果があるといわれ、なんと医療用漢方薬の70％に含まれています。いってみれば、食べる薬。漢方の帝王です。

私も疲れてくると、無性にタイカレーが食べたくなります。タイカレーの中には、カーやクラチャイといわれる生姜がたくさん含まれているうえ、プリッキーヌといわれる唐辛子も含まれているので、食べると血の巡りがよくなって、たくさん汗をかきます。食べ終わった頃にはスポーツをしたあとのような爽快感があります。ちなみに、インドカレーなどに含まれるターメリック（黄色いパウダー）もショウガ科の仲間です。

一方、寒い日に、体が冷えたときや風邪引きそうだなと思ったら、生姜湯をオススメします。カップに好みの量のおろし生姜を入れ、ハチミツとお湯を加えて混ぜ合わせて飲むだけで、飲んだそばから体がポカポカしてきます。

さて、最近では女性だけでなく男性も美容に興味を持っている人が増えているようです。そこでぜひ試していただきたいのが生姜美肌エステ。といっても、生姜を

知られざる ひとふりのチカラ

! 甘酢のチキン南蛮＋おろし生姜

甘みが魅力のチキン南蛮ですが、おいしいのは最初だけで途中からくどさに飽きてしまうことがあります。そんなときはおろし生姜を上から薄く塗って（小さじ1～2杯）食べてみてください。あっさりと食べられます。

! レバニラ＋おろし生姜

生姜の持つ臭み消しの効果を実感できる組み合わせ。小さじ1～2杯加えると生姜の成分が、いやな臭いをスパッと消してくれます。レバー嫌いの人でもおいしく食べられます。

使った料理を食べるだけ。生姜は食べすぎても困ることは一切ないので、自分の食べやすい方法でなるべく摂りましょう。

生姜は血行をよくする働きがあるうえに、発汗作用もあります。つまり体の代謝を高めてくれるため、食べ終わって2時間もする頃にはいつもよりお肌の調子がよくなっているはず。

男女問わずデートの2時間前に生姜をたくさん食べれば、いつもより美しい（？）あなたを相手に見せられる可能性が高いのです。生姜を意識して摂るだけですから、リーズナブルなエステとしてぜひ。

おろしニンニクのチカラ

クセの強い食材の味を融和させる有効な薬味

ニンニクとエジプトのピラミッド、というと唐突かもしれません。しかし、実はこの両者、深い関係があることはご存じでしょうか。紀元前3750年に造られたとされるエジプトの王の墓から、ニンニクの粘土模型が9個発見されました。さらに、紀元前1300年以前に造られたツタンカーメン王の墓からも乾燥したニンニクの茎が見つかっています。こうしたことから、ピラミッド建築に携わる人々が、ニンニクを食料にして栄養補給をしていたと推定されています。人類最大の謎ともされる巨大建造物の建築を支えていたのがニンニクだったというわけです。

今でも滋養強壮のスタミナ源として、その香りとともに世界中の人から愛されるニンニク。日本では、あらかじめすりおろしたチューブタイプが調味料として販売され、手に匂いが付かないことから人気を集めています。なお、チューブタイプは冷蔵庫に入れないとすぐに悪くなってしまうので要注意。色が悪くなったら新しいものに買い替えましょう。

ニンニクはありとあらゆる料理に活用されていますが、調味料的に使われるのは主に薬味でしょう。とりわけ馬刺しやカツオのタタキなどクセの強い刺身と合わせてよく食べられています。

これは、クセの強い素材に、さらに強いクセのあるニンニクをぶつけることで、味が融和。結果的にお互いの持ち味を引き立たせることができるのだと思います。いってみればニンニクは、どんなクセの強いものにも立ち向かって、しかもねじ伏せることができる〝味の闘将〟といったところでしょうか。

一方で、ニンニクは、香りこそ素晴らしいものですが、単独では匂いがキツくてとても食べられません。他の素材と組み合わさってこそ、自らの香りを生かせる食材です。せっかくの強さを持っていながら、相手がいないと存在価値を出せない……悲しいかな、永遠のサブキャラクターなのです。

とはいえ、ニンニクはやはり料理では人気者。特にそのワイルドな香りから男性にファンが多いようです。そこでニンニク料理を作るときの注意点をひとつ。ニンニクは、とても焦げやすいもの。しかも、一度焦げてしまったら、油に焦げた味が移ってしまい、修正がきかなくなってしまいます。なので、**炒めるときはまずフライパンにニンニクを入れ、次に油やオリーブオイルを入れます**。そして火をつけ、弱火でゆっくりニンニクの香りを油に移していきます。覚えておくだけで味がグッと高まりますよ。

◉ニンニク口臭予防の特効薬

ニンニクといえば薬効の多い食材のひとつ。悪玉コレステロール値を減少させ、脂肪肝を防ぎ、スタミナをつける働きがあるといいます。さらに、がん予防の可能性のある食品ピラミッドのデザイナーフーズの中でもニンニクはトップに位置しているそうです。血管中の血栓の生成を予防したり、いったん生成した血栓を溶解させる効果を持つことも知られています。

そのほかにも「体温を上昇させる」「脂肪の燃焼を促進する」「脳を活性化する」などの働きがあるため、仕事で忙しい人は健康のためにもぜひ意識的に摂るように

知られざる
ひとふりのチカラ

！納豆＋おろしニンニク

耳かき半分くらいのおろしニンニクを、タレを混ぜ合わせた納豆に加えて、さらに混ぜます。これが納豆の旨みを引き出し、食欲のない朝でもささっと食べられます。独身サラリーマンのスピード朝食としてオススメです。

！クラムチャウダー＋おろしニンニク

お湯を注いで作るタイプのクラムチャウダーに、おろしニンニクを耳かき1～2杯加えます。スープのコクはそのままに、あっさりとした味で楽しめます。

心がけたいものです。

ところで、ニンニクを食べた後は口臭が気になってしまうもの。夜に食べても次の日まで持ち越してしまうため、苦手だという人も多いと思います。ニンニクの匂い消しには牛乳が有効ですが、それ以外にも特効薬があります。

それは、ステーキやハンバーグの添え物として使われる野菜のパセリ。パセリに含まれるピネンという成分は口臭を予防し、雑菌の繁殖を防ぐ働きがあります。

うっかりニンニク料理を食べすぎてしまったというときはぜひパセリをお試しあれ。

カレー粉のチカラ

魚の缶詰の生臭さを耳かき3杯で、見事に消し去るチカラ

カレーの香りは、どうしてあんなに食欲をそそるのでしょうか。疲れていて食欲がないときでも、カレーの香りを嗅いだとたん急にお腹がグーッ！　まさしく不思議な魔力を持った食材だと思います。

ところで、カレーライスとライスカレーの違いはご存じでしょうか？　ご飯の上にカレーがかかっているよくあるスタイルのものがライスカレー。一方、カレーライスとはソースポットに入ってご飯と別々にテーブルに出てくるものを指すそうです。この説によると、普段、私たちが家やレストランで食べているのはライスカレーということになります。

カレー粉はご存じのとおり、香辛料やハーブを原料にして組み合わせたもの。発祥はインドですが、そのインドには実はカレー粉は存在しません。インドでは家や

レストランでもすべて手作りで、その日の体調や気分で作り上げます。カレー粉を開発したのはイギリスです。簡単に食べられるように調合したものが18世紀に発売されました。日本に伝わったのは19世紀以降。今では子供から大人まで広く愛され、日本は世界でも有数のカレー大国となっています。

カレーがインドからイギリスに伝わったとき、いちばん喜ばれたのは肉や魚の臭みを消すチカラ（効能）でした。また、香り高く、複雑な味わいを持ったカレーは、どんな食材ともうまく調和してくれるのも、支持された理由のひとつでしょう。

実際、今でもカレー粉は、カレー以外の料理に使うと、その効能を発揮してくれます。たとえば安く買える手軽な食材として、特に独身の男性から人気を集めるサバやサンマ、イワシなど魚の缶詰。好き嫌いはあるものの、生臭みが少し苦手という人は多いと思います。

そんなときに、耳かき2～3杯程度のカレー粉をふりかけることによって、角がとれて味がまろやかになり、ちょっとしたレストランの味にまで高めることができます。

さらにもう一手間かけるのであれば、フライパンに油をひいて、カレー粉をなじ

知られざる
ひとふりのチカラ

! イワシの蒲焼き＋カレー粉

100円ショップでも買える、「イワシの蒲焼き缶詰」。そのまま食べると生臭さが気になりますが、カレー粉を耳かき2～3杯ほどかけると、手品のように臭みが消えてしまいます。とても缶詰とは思えない味にレベルアップします。

ませてから缶詰の具を軽くジャッと炒めてみましょう。驚くほど風味が増しておいしく仕上がりますよ。

また、カレー粉は分離せず**油に溶ける特性を持っているため、油っぽいものとの相性が抜群**。たとえばコンビニや総菜店で買ってきた冷めた唐揚げなども、カレー粉＋塩で食べると、味がシャキッとします。

このように、給料日前に安い食材しか買えないときなどでも、カレー粉があれば確実に味をレベルアップしてくれます。ひとつ買っておくとお金がないときでも充実した食生活が送れますよ。

黒酢のチカラ

3分の1まで煮詰めて使えば、甘くておいしい〝プルーンソース〟のよう

　ここ数年でブームとなっている黒酢。テレビなどで取り上げられて一躍人気者になりました。黒酢は玄米などのお米を自然発酵させた後、長期間熟成してできる天然の酢です。短期間で作られる米酢と違って、酸味が強すぎず、まろやかな風味があるのが特徴です。なお、黒い色は熟成の証。ちなみに、発祥は中国で、日本には江戸後期に鹿児島県に伝わりました。

　黒酢、というと特別な使い方が必要なように感じるかもしれませんが、基本的には米酢の代用品として使えます。ただし、酸味がやわらかく、後味がプルーンのように濃厚なのでちょっとあっさりしすぎてもの足りないかなっと思ったときに使うとより威力を発揮します。私のお気に入りは煮詰めて濃縮して使うワザ（コラム参照）。甘みが出てそのまま飲めてしまうほど酸味が気にならなくなります。料理に

使うと砂糖や塩分を控えめにできるので重宝しています。

そのまろやかな味わいからドレッシングや酢の物に使われることが多いのですが、他の料理にもほんの少しからめるだけで、味に彩りを添えてくれます。たとえば、**カレーライスに小さじ1杯程度の黒酢**をふりかけると、あら、不思議。カレーの尖った辛みだけを取り除き、ナチュラルな辛みだけを残して本来の風味がアップ。しかも、コトコト長く煮たかのようなコクが加わって、とってもマイルドでデリシャスな味に変化します。

◉ダイエットや疲労回復に効果あり

黒酢といえば健康食品としても知られています。実際、私も毎日寝る1～2時間前に黒酢大さじ2杯、ハチミツ（もしくはメープルシロップ）小さじ1杯、牛乳100ミリリットル程度を混ぜ合わせたお酢ドリンクを飲んでいます。分離していて見た目は悪いのですが、後味がどこかプルーンジュースに似ていておいしく飲めるんです。寝る前が、いちばん疲労物質である乳酸が溜まっている時間帯です。そこでこの黒酢ドリンクを摂ると、寝ているうちに乳酸を処理し、アミノ酸を補充する

知られざる
ひとふりのチカラ

！鶏の唐揚げ＋黒酢

フライパンに100mℓ程度の黒酢を入れて中火に5分ほどかけると3分の1程度に煮詰まります。そこにスーパーやコンビニで買ってきた唐揚げを加えてからめれば、高級中華料理店の味に。

！キムチ＋黒酢

対比効果で、キムチの辛みがやわらぎ、野菜の甘みを引き立てます。旨みが増すばかりか、よりさっぱりと食べられるようになります。

ので、翌日まで疲れを持ちこさず、しかも目覚めがよく、一日快適に過ごせます。また、ハチミツの糖分が睡眠に必要なアミノ酸を脳に運び、吸収の手助けをしてくれるので、熟睡できるといわれています。

また、黒酢には、脂肪燃焼アミノ酸といわれるリジン・プロリン・アラニン・アルギニンなどが含まれていて、体内に入ると素早く吸収し、血中にある脂肪分解酵素に働きかけ、脂肪を燃焼してくれるといわれています。運動をする30分前に飲めばいちばん効果的です。また、飲めば疲労回復効果も期待できます。

ケチャップのチカラ

味付けに失敗したときに使える最強のリカバリー調味料

あまたある調味料の中でも、その存在感という意味でどれにも負けないのがトマトケチャップです。他の調味料は主に味を加える、調えるといった性格のものに対して、ケチャップはちょっと使うだけでも料理全体をガラッとケチャップ味に変えてしまいます。〝朱に交われば赤くなる〟ではありませんが、ケチャップは他の調味料をはるかに凌駕してしまう、とてもストロングな調味料なのです。

トマトケチャップは、トマトの果肉を煮詰めたトマトピューレに塩や酢、タマネギ、スパイスなどを混ぜて調味したもので、もはやそれ自体、調味料というよりは煮込んだ料理といったほうがいいでしょう。スパゲティにケチャップを混ぜれば「ナポリタン」が出来上がってしまうように、**他の調味料を加えなくても完結できるソース**だと思ってください。

余談ですが、イタリアにはナポリタンは存在しません。あんなおいしいものをなぜイタリア人は食べないのだろう？　と思ってホームステイ先でナポリタンを作って出したことがあるのですが、おいしいと言ってくれたのは5歳と3歳の女の子だけ。結果は大不評。これは日本人としてショックでした。

これほどに〝強い〟ケチャップという調味料を使いこなすコツが、二つあります。まず、ひとつの方法は、**ケチャップと他の強すぎると思った調味料を合わせて、お互いの強さを打ち消し合うという使い方**です。たとえば、カレー粉を利用してカレー炒飯を作るときに、ケチャップをほんの少量加えると、カレー粉の尖った部分を打ち消してくれるうえに、甘みを引き出し、おいしく出来上がります。もちろんケチャップを入れすぎるとチキンライス味になってしまいますから、ほんの少しだけ加えるのがポイント。このように、強い味の料理に、ケチャップをほんのひとふりすれば、味に深みが増してコクを出すことができます。また、コラムでも紹介していますが、レトルトカレーにケチャップを入れると、カレー味とケチャップ味が緩衝しあい、あっという間にハヤシライスに変わってしまいます。味を楽しむ隠れワザです。一度試してみてください。

もうひとつは、**料理の味付けに失敗したとき、ケチャップは〝修復機能〟を持っている**ということです。料理のプロである私も失敗してしまうことがありますが、そんなときにケチャップを加えると「あれ?」というぐらいおいしく味を修正できることがあります。味はケチャップ味になってしまいますが、食べられないぐらいまずくなってしまったときは、まずケチャップでのリカバリーを試してみましょう。料理が復活できる可能性大ですよ。

●トマトが赤くなると医者が青くなる

ケチャップの素晴らしいところは、原料のトマトを簡単に体に摂り入れることができることです。

実際ヨーロッパには「トマトが赤くなると医者が青くなる」ということわざがあります。これは、トマトが赤くなる時期になるとみんなが健康になって誰も病院に来てくれないという意味です。

トマトが体にいいといわれているなかで、最も注目したい成分が、トマトの赤い色素であるリコピンです。リコピンの持つ抗酸化作用は、がん予防に有効といわれ、

知られざる
ひとふりのチカラ

！レトルトカレー＋ケチャップ

レトルトのカレーにケチャップをふた廻りほどかけます。その後、よくかき混ぜてなじませると〝ハヤシライス〟に！　ケチャップは強いので、多くてもさん廻りぐらいにしておきましょう。

！牛乳＋ケチャップ

牛乳とケチャップを１：１で混ぜ合わせるとサウザン・ドレッシングに近い味になります。生野菜を買ってきたがドレッシングがない、というときに使える手です。

β-カロテンの2倍以上、ビタミンEの100倍以上あるといわれています。

また、リコピンは、熱に強いので、炒めたり煮込んでも成分が大きく減少することはありません。ですから、生のトマトより加工品であるケチャップを利用したほうが、より体内に多く摂り入れられるのです。

一日に必要なリコピン（15ミリグラム）を摂るには、大きなトマトを2個食べなければなりません。毎日これだけ食べるのは飽きるし、食材費もバカになりません。しかし、トマトケチャップなら大さじ4杯強で一日の必要量を摂れてしまうのです。

胡椒《こしょう》のチカラ

炒め物だけではない、チーズ、ココアをひとふりでドライにする威力

突然ですが、もし、中世のヨーロッパにタイムスリップできたとしたらどうしますか?

私なら、ともかく持てる限りの胡椒を持っていきます。なにせ当時の胡椒は、金もしくは銀と同じ価値。いま金や銀は買えないけど、胡椒なら手が届くお値段。それを持っていき、少しずつ交換しながら、優雅な生活を送れたら……そんなことをたまに夢想したりしています。それほど胡椒は当時の人にとって、香り高く肉をおいしく食べられ、しかも強力な殺菌・抗菌作用を持つ、夢のような調味料だったというわけです。

今も私たちの食卓に欠かせない胡椒。どんな料理でも合いますが、一般的に**辛みの強い黒胡椒は肉料理、香りの高い白胡椒は魚料理に使う**と、素材の味をより引き

立たせることができます。白胡椒より黒胡椒のほうが辛み成分の「ピペリン」が多く含まれているので、脂肪燃焼効果も高いですし、発汗、利尿作用もあるので、私の場合は好んで黒胡椒を使っています。

胡椒の味の最大の特徴は〝刺激〟です。以前、限られた調味料だけで料理を作ってほしい、という仕事がありました。その中には胡椒は含まれていませんでしたが、なんとか大丈夫かな、と軽い気分で受けたものでした。ところが、いざ試作を重ねてみると、胡椒がないと味が締まらない。何か寂しくて完結しないのです。そのときあらためて、普段は気がつかなくても日本で食べられる料理には胡椒のピリ辛さがないと完結しないのだろうな、と思ったものです。もはや胡椒を摂るのは習慣であり、一種の中毒なのでしょう。

塩と並んでなくてはならない存在の胡椒ですが、おもしろい特徴としては単体ではおいしく思えないことです。香りこそ素晴らしいのですが、舐めてもピリッとするだけ。そういう意味で、胡椒は、他の素材と合わせてはじめて威力を発揮するものだと思います。映画やドラマでいえば、なくてはならない脇役でしょうか。決して主役の座を脅かしたりしないものの、いないと全体がぼやけてしまうような大事な存在です。かといって引き立て役でもなく、いってみれば不可欠な存在です。

どんな料理にも欠かせない胡椒ですが、**いちばん相性がいいのは油分**です。たとえば炒め物。胡椒は油に溶けるので、より相性がいいといわれています。ちなみに、どんな料理のレシピにも必ず「塩・胡椒を適宜」と書いてありますよね。分量については其の人（とその腕？）次第ですが、順番だけは決まっていますので覚えておいてください。**①塩で味を調え②胡椒で締める。これが鉄則**です。もちろん足りないと思ったら足して大丈夫ですが、この順番を守るだけでも料理の腕は上がるはずですよ。

◉ココア、チーズにひとふり

胡椒はこれまで述べたようにほとんどの料理に合いますが、個人的には**まったりした味の食材と組み合わせるのがおもしろい**と思っています。たとえばココア。カカオと砂糖を合わせた飲み物ですが、胡椒をパパッとふりかけて飲むとおいしいんです。これはココアのやわらかい味を、胡椒の刺激がうまく中和させ、さっぱりとさせてくれるため。また、もともとカカオも胡椒も古来は薬として使われていたので相性がいいのだと思います。ほかにも、まったりした食べ物というと乳製品がありますが、チーズなど口の中がくどくなるような食材にも胡椒をかけると、喉ごしがよくなります。ドライでおつまみにいいですよ。結局、胡椒が肉や油分に合うのも、一種の清涼効果があることと関係あるのかもしれません。

さて、お酒好きの人にはスモーク系（薫製）のおつまみを好む方が多いですよね。スモークはアウトドアで作ったり、お庭などの戸外で作るのが一般的ですが、実は黒胡椒を使って家の中でも簡単に自家製のスモークチーズやサーモンが作れてしまうんです。

フライパンにアルミホイルを敷き、潰した黒胡椒大さじ1杯、月桂樹の葉4～5枚、砂糖大さじ1杯、紅茶大さじ2杯を入れ、その上に網を置き、火にかけます。煙が出始めたら、チーズやサーモンを網の上に置き、蓋をして、中火で3分程度火にかけます。火を止め、そのまま10分くらい蓋を開けずに放置すればＯＫ。これだけで、おいしいスモークチーズやサーモンが完成です。休日、自家製のスモークでお酒を飲む……日常の疲れも吹き飛びます。また、彼女を部屋に呼んだときにサササッとスモークを作ったら尊敬のまなざしを向けられること間違いなしです。

知られざる
ひとふりの
チカラ

！ココア＋黒胡椒

ココアに黒胡椒を3回ふりかけてください。ココアの甘みがより引き立ち、スパイシーな感覚が尾を引いてまた飲みたくなります。胡椒の中に含まれる辛み成分は、唐辛子のカプサイシンと同じ作用があり、ダイエット効果も期待できます。ココアの持つポリフェノールと合わせて、メタボリックシンドローム対策ドリンクとしてもオススメです。

！カマンベールチーズ＋黒胡椒

黒胡椒の痺れるような辛みが、チーズと合わせることによってマイルドに。さらに胡椒の香りがチーズの臭みを消してくれるため、とても食べやすくなります。とりわけビールや辛口のシャンパンのおつまみにベスト。結構な量をふりかけると、ワイルドな味に。目安は２～３ふり。

！ホット赤ワイン＋黒胡椒

冬の寒い日に、赤ワイン200㎖をレンジで温めて、黒胡椒を小さじ½ほど入れてかきまぜます。飲んだその場でカーッと体が温まってきます。好みでお砂糖を加えてください。風邪を引いたかな、と思ったときなどに。

豆板醤《トウバンジャン》のチカラ

空豆を発酵させた調味料
発酵食品と組み合わせれば
旨み倍増

麻婆豆腐、回鍋肉《ホイコウロウ》、エビのチリソースは、日本でも大人気の四川料理。この味付けに使われているのが豆板醤です。

空豆を発酵させて唐辛子と合わせた一種の味噌で、中国では四川省のピーシェンという地で作られたものが最高峰といわれています。

豆板醤の魅力は、味わい深いコクを秘めた辛みでしょう。少量でもピリッと辛く、料理の味を引き締めてくれます。同じ中華の辛み調味料ではラー油がありますが、実際は似て非なるものと考えてください。唐辛子を使っているという点では同じですが、豆板醤はラー油のような甘みが比較的控えめになっています。たとえば私が料理に使うとき、**辛み＋風味が欲しいときはラー油**、一方、主に**辛みを足したいときは豆板醤**と、両者を使い分けることにしています。

また、**豆板醤の辛みは、料理の油っぽさを消して食べやすくしてくれる効果**もあります。**ネギと合わせると、よりその効果が増す**ので、唐揚げなどを食べるときは使える手です。

豆板醤は空豆が原料の発酵調味料です。一般的に発酵調味料は旨み成分を多く含んでいるので、料理に使うと、味に深みを与えてくれます。豆板醤を使った中華料理が日本人に好まれるのは、辛さに加え、旨みがあるからなのだと私は密かに分析しています。

豆板醤のチカラを感じたいのであれば、ぜひ発酵食品と組み合わせてみてください。たとえば「納豆」に耳かき1杯程度の豆板醤を混ぜると食欲が進みますし、チーズに豆板醤を合わせると両者の味がなじんでビールが進みます。

基本的に、豆板醤は和洋中いずれに応用してもおいしくいただけますので、私は煮込み、パスタ、和食となんでも使っています。**料理に使うときの注意点としては、少なめに使うこと。多くても1人分で小さじ4分の1程度**にとどめておかないと、辛みが強くなりすぎて、辛党以外の人は食べられなくなってしまいます。あまり多量に摂ると胃を荒らすことがあるので要注意です。

知られざる ひとふりのチカラ

! クリームチーズ＋豆板醤

クリームチーズ大さじ１杯に対して豆板醤を耳かき１～2杯程度加えて混ぜ合わせると、ビールのおつまみに。クラッカーに塗って食べると、クリームチーズの酸味がやわらいで、ビールの苦みと程よく調和。

! 大根おろし＋豆板醤

お魚に添える大根おろしにほんのちょっと豆板醤を加えて、お醤油をたらします。豆板醤にも塩分（約18%）があるので、お醤油の量は少し控えめに。大根おろし½カップに対し、豆板醤は小さじ½～⅓杯程度で十分。大根おろしとは違った辛みが加わることによって、少しマイルドに。

! お味噌汁＋豆板醤

１杯のお味噌汁に耳かき½杯程度入れて混ぜ合わせます。ほんの少しの量でも、寒い冬など体が温まります。

コチュジャンのチカラ

どんな料理もたちまち〝韓国風〟に使うコツは辛味噌として

昨今の韓流ブームの影響もあると思いますが、韓国料理を作る人が増え、家庭にもコチュジャンが当たり前のように置かれるようになりました。時々、色が唐辛子色で似ているため、コチュジャンと豆板醤の区別がつかない人がいますが、コチュジャンは韓国のペースト状の調味料、豆板醤は中国のペースト状の調味料なので、お間違いなく。

一般的にコチュジャンというと、石焼きビビンバに加えて食べたり、トッポギに入っていたり、ユッケに加えたり、煮物、炒め物に使われたり、チヂミにつけて食べます。最近では、焼き肉のときにサンチュにお肉をのせて、コチュジャンをつけて食べるのも一般化してきました。

コチュジャンは、**どんな料理でも少し加えただけでたちまち韓国風に早変わりす**

る、とても便利な調味料です。原料は蒸した米に麹や塩、粉唐辛子。これらを混ぜ合わせて、熟成発酵させると完成します。韓国の家庭では毎年作る習慣が残っており、キムチと並んで家庭の味が受け継がれているといいます。

色だけ見ると、とても辛く見えますが、数ある辛み調味料の中でも〝甘辛い〟部類に入ります。辛みも発酵しているので奥が深くマイルド。食べた後から甘みとコクと旨みが口の中に広がります。このように、辛さ、甘さ、コク、旨みと、何種類もの味覚を同時に感じられるのもコチュジャンの魅力のひとつです。

お隣の国の調味料だけあって、さすがに**和食とコチュジャンは驚くほどマッチ**します。たとえば味噌田楽。味噌の代わりにコチュジャンを使うと、びっくりするぐらいおいしく仕上がります。**日本の醤油との相性もよく**、少し辛みが欲しいときは醤油に足せばなんでも合うはず。

調味料としてのチカラとしては、熟成発酵されているため、**発酵食品に使うと相乗効果で味がパワーアップ**します。私のオススメとしては豚汁+コチュジャン。お好みで加えるとコクが深まってやみつきになるはず。また、チーズ系の食材も辛みを添えてお酒のおつまみによく合います。なかでも、なぜかチーズカマボコとコチユジャンの組み合わせは一食の価値ありです。一方、意外に合うのがすき焼きです。すき焼きの甘みとコチュジャンの甘みがうまくからみあって、お肉がワンランクアップしたような、まろやかな味わいとなります。

料理をするときの**ポイントとしては、辛味噌的に使うのがベター**。逆にいうと酸味もなく尖った辛みではないので、**主に辛み＋コクを出したいときに限って使う**と料理がうまく引き立ちます。

◉醤油＋コチュジャンで韓国風刺身に

もうひとつ、コチュジャンの特徴は、魚の臭みを消してくれること。実際、韓国ではお刺身を食べるときにもコチュジャンを使っています。日本の醤油＋コチュジャンで食べても、たちまち韓国風刺身を楽しめます。臭み消しとしてわかりやすいのは、ネギトロ巻きです。脂が乗って非常にファンが多いネギトロ巻きですが、モノによっては少々魚の臭みが強いときがあります。そんなときに、醤油は使わず、コチュジャンを直接ネギトロ巻きにつけて食べてみてください。ネギトロ本来の味はそのままに、臭みだけをマジックのように消してくれます。

知られざる
ひとふりのチカラ

春巻き＋コチュジャン

春巻きというと醤油＋マスタードですが、直接コチュジャンをつけて食べると油っぽさを感じず、さっぱりと食べられます。

ネギトロ巻き＋コチュジャン

本文でも触れましたが、コンビニやスーパーで買ったネギトロ巻きに、醤油ではなくコチュジャンをつけて食べると、ネギトロの味はそのままに、臭みが一切なくなってデリシャス！

すき焼き＋コチュジャン

韓国ではコチュジャンを使ったすき焼き風なお料理があります。日本のすき焼きを食べるときにコチュジャンを少し（鍋4人分に小さじ1～2杯）使うと、すき焼きの甘みとコチュジャンの甘みがお互いを引き寄せ、甘さの中にもとてもコクのあるまろやかな味わいで食べられます。

ゴマ油のチカラ

プロの料理人が使う"最後にひとたらし"のチカラ

ゴマ油は大きく分けて、ゴマを炒らずに搾る「生搾り」と、炒って搾る「焙煎ゴマ油」の2種類。生搾りは、太白ゴマ油といわれ、無色透明です。一方、焙煎ゴマ油には、深炒り、中炒り、浅炒り、超浅炒りがあり、ごく一般的なものは中炒りのものがよく売られています。

ゴマ油はいまやサラダ油と並んで、日本の食卓でも一般的に使われるようになりましたが、もともと奈良時代に仏教とともに中国から伝わったもの。当時は貴重品だったため貴族だけの調味料だったようです。

広く世界を見渡してみると、クレオパトラがハチミツとゴマ油をミックスした栄養ドリンクを摂っていたり、中国では不老長寿の薬として重宝されていたことなどが伝えられています。また、古代インドで発展したアーユルヴェーダ（生命学問）

では、今でもゴマ油を体に塗る治療法が使われています。

ゴマ油の使い方としては、家庭では炒め物に使う人が多いと思います。ちなみに、ゴマ油で緑黄色野菜を炒めるとβ-カロテンの吸収率が高まります。そのほかにもゴマ油はコレステロール値の低下や免疫力の向上、がん予防効果もあるとされ、健康にも最適な調味料です。

また、**ゴマ油はお酒をたくさん飲む人にこそ有効な調味料**。というのも、アルコールの分解を助ける働きがあり、ゴマ油を使ったおつまみを食べれば肝臓への負担が減るため悪酔いしないばかりか、二日酔い予防にも有効です。お酒好きの人はぜひ1本買っておいて損はないはずです。

健康にいいゴマ油ですが、もうひとつの大きな魅力は、その風味と香りです。高級天ぷら料理店の多くが、ゴマ油を使って揚げているのは、ゴマ独特の香ばしさが、他の油より際立って食欲をそそるからですが、ほかに、ゴマ油は、抗酸化物質の働きによって酸化しにくく傷みづらいという特徴があります、たくさんの油を使う天ぷら屋さんには、ありがたい油なのです。

このように、ゴマ油が持つ香ばしさは、料理の風味を一段としっかりさせてくれます。この特性を利用して、料理のプロの間では炒めたり揚げたりすること以外に、**最後の香りづけ用の隠し味**として使います。料理が出来上がった後にひとたらしすると、料理自体の風味とコクが出て、味が確実にしっかりします。多くの料理に応用できますので試してみてください。料理の腕が確実にアップしますよ。

ただ、注意点をひとつ。ゴマ油は油っぽく感じないので、ついつい多く使いがちですが、カロリーは1グラム＝9カロリーと他の油と変わらないので、ほどほどに使用することをオススメします。

◉プチ調理にも万能なゴマ油

ゴマ油は、素材と合わせて少し火を加えるだけでおいしいおつまみを作ることができることも大きな魅力です。

私のオススメはゴマ油と塩を使って作る自家製韓国海苔風味。家でも簡単に作ることができます。まず、のりの表面に好みの量のゴマ油を塗り、お塩をふりかけ、お皿の上にのせ、冷蔵庫の中で乾かすだけ。乾いたら完成です。岩のりを使用すればまさに韓国のりそのものの味を出すことができます。私の好みは、たっぷりのゴ

知られざる
ひとふりのチカラ

！ポテトサラダ＋ゴマ油

ゴマ油をひとふりしただけで、風味豊かなポテトサラダに変身。

！シイタケ＋ゴマ油

ゴマ油を大さじ2杯ほどなじませたフライパンに、石突きを落としたシイタケを入れて両面を中火で２分ずつ焼き、塩をふるだけの簡単なおつまみなのですが、これがおいしい!!

マ油とちょっと多めに塩をふりかけたもの。それだけでお酒が何杯でも飲めてしまいます。

昔、韓国のロッテワールドの下にある海苔屋さんで、好みの量のゴマ油とお塩で特製の韓国海苔を作ってもらいました。とってもおいしかったので、また食べたいなあ……と時々懐かしい気持ちになります。

コラムでも紹介するシイタケ＋ゴマ油も、簡単でお客さんに喜ばれるレシピ。とにかく素材とゴマ油があればおつまみができてしまうので、皆さんも工夫してとっておきのメニューをぜひ見つけ出してください。

七味のチカラ

日本発、世界中の料理に合わせられる万能調味料

おそば屋さんのテーブルに必ず置いてある七味唐辛子。なぜおそば屋さんに欠かせない調味料となっているのでしょう？　その理由は、徳川幕府が始まって四半世紀経った1625年（寛永2年）に遡ります。現在の東京、両国あたりは当時、薬研堀《やげんぼり》といい医者や薬問屋が集まっていた地域です。薬研とは薬（漢方薬）をすり潰す道具のことを指していました。ここに住む初代の、からしや徳右衛門という人が、漢方薬を食に利用できないか？　とアレコレ漢方薬を混ぜ合わせ、ついに、生と炒った赤唐辛子の粉・粉山椒・黒胡麻・芥子《けし》の実・麻の実・陳皮（ミカンの皮）、ナタネの7種類の素材から作り出した〝食べられる漢方薬〟が七味唐辛子だったのです。その頃の庶民の食べ物だったそばにこの七味唐辛子をかけてみたらピッタリ合って大人気になったことがそばと七味唐辛子との劇的な出合いとなったわけです。

また、〝食べる漢方薬〟の効果もあり、江戸の庶民は、七味唐辛子をかけた熱いそばを食べて風邪を予防していたのではないかといわれています。

おわかりでしょうか？　七味唐辛子はすべて漢方薬の素材から作られていたのです。

今の七味唐辛子は、製造する会社や地方によってブレンドしているものが違いますが、私は京都の清水、長野の善光寺門前、東京は浅草のものの3種類を使っています。それぞれ、白ゴマ、黒ゴマ、山椒、青のり、シソ、麻の実、生姜、柚子、芥子、陳皮などが入り、微妙に配合が違います。関東では濃い味を好み、関西ではだしの味を楽しむので薄味を好むため、七味もそれぞれ関東、関西の味の好みに合わせて作られているようです。好みで使い分けるといいでしょう。七味唐辛子は風味が命。買うときのポイントは、お店の人には申し訳ないのですが、**少量ずつ買うことをオススメ**します。私は、好みの配合のものを20グラムずつ購入しています。

江戸時代に〝食べられる漢方薬〟として発明された、日本のオリジナル調味料ですが、現在は、おそばば、うどんにかけるのはもちろんのこと、マヨネーズに混ぜたり、チーズやバター、ピザやグラタンにふりかけたり、煮物、焼き物、スープ、味噌汁、サラダにひとふりと、和洋問わず、幅広く使われています。以前、私がトリノにホームステイしていたときも、イタリア人夫婦が、七味唐辛子をとても気に入ったようで、パスタやカルパッチョ（生肉）などにふりかけて使い、わずか2週間で1本分使い切ってしまいました。

まさに、七味唐辛子は、**日本発の〝世界の料理に合わせられる万能調味料〟**だと覚えておいてください。

何にでも合いますが、七味唐辛子の長所として特に挙げれば、七味の心地よくも複雑な辛みと風味が、**料理の油っぽさを緩和してくれる効果が高い**ことでしょう。居酒屋でよく食べるモツ煮込みに、必ずといっていいほど七味唐辛子をふりかけてしまうのは、モツ煮込み特有のくどさを、七味がやわらげてくれるからです。

◉漢方薬としてみた七味唐辛子

先にも書いたように、七味唐辛子は〝食べられる漢方薬〟です。まず唐辛子には、脂肪燃焼効果の高いカプサイシンが含まれていて、体が温まりますし、ダイエットにも効果的な食材。また、陳皮は、熟した温州ミカンの皮を乾燥させたもので食欲

知られざる
ひとふりのチカラ

！切り干し大根＋七味

七味が大根の甘みを強調して旨みを引き出してくれます。コンビニで買った切り干し大根でも、少しレンジでチンして七味をかけると、味に深みが出て高級和食店の味にも負けないほどです。

！ホウレンソウのおひたし＋バター＋七味唐辛子

ホウレンソウとバターだけですと、バター風味でもったりしてしまいます。そこで七味をふりかけることで中和。お互いの味をうまく引き出してくれます。目安は2〜3ふり。

不振、吐き気に効果的とされています。

また、山椒は日本生まれのスパイスで、健胃、利尿、消炎に効果的。ゴマは抗酸化成分セサミンやセサミノールが含まれており、滋養強壮、解毒、便秘、炎症、虚弱体質などに効果があるとされています。

さらに、シソは、臭覚を刺激して食欲増進、利尿、アレルギー抑制、青のりは、血栓防止、動脈硬化予防、高血圧予防に。生姜は、健胃、頭痛に効果的です。

身体にいい七つの漢方薬が配分されている七味は、味を調え調えてくれるばかりか、日々の食事を〝薬膳〟に変えてくれる調味料なのです。

タバスコのチカラ

料理の風味をそこなわず〝辛酢〟の刺激だけを加えてくれる独立系調味料

日本でタバスコといえばピザのお供としてすっかり定着。ナポリタンなどパスタにかけることもありますが、一般的には〝ピザ専門〟の調味料として認識されているようです。

しかし、ピザの本場イタリアでは、タバスコを置いているお店はほとんどありません。イタリアでピザにふりかけるとしたら、オリーブオイルに漬け込んだ唐辛子。タバスコをイタリア製と思っている人が多いようですが、実はアメリカ製です。イタリア人はタバスコをかけて食べる食習慣はないのです。

冗談のような話ですが、私の知り合いのイタリア人は日本人観光客が来るたびに、タバスコは置いてないのか？　と聞かれるので、タバスコ＝日本の調味料とまで思っていたそうです。

本場イタリアのピザの食べ方とあまりに違うので、日本独特の食文化なのかと思いきや、フランス、ドイツ、オーストリア、カナダなどもピザにタバスコをかけるとか。どうして日本でもピザにかけるようになったのかは不明ですが、なんとも不思議な広がり方をしたものだと思います。ちなみに、日本はアメリカに次いで第2位のタバスコ消費国です。

タバスコは、米・マキルヘニー社の登録商標。完熟した赤い唐辛子をすり潰して岩塩や穀物酢と漬け込んで発酵・熟成を経て作られたペッパーソースです。昔から製造方法をまったく変えずに作られており、添加物は一切加えられていません。賞味期限は5年ですが、難点は太陽の光や蛍光灯でも変色してしまうこと。ただし、開封後は冷蔵庫で保存すれば変色は防げます。

味の特徴としてはやはりピリリとした尖った辛み。どんな料理でもたった一滴タバスコをふりかけるだけで刺激を加えてくれます。料理本体の風味をあまりそこなわず、辛さの刺激だけプラスしてくれる調味料だと考えています。

たとえば、タイ料理のスープ、トムヤムクンは口にすると甘さ辛さが舌の別の部分で感じますが、タバスコも、舌の辛さを感じる部分だけピンスポットで刺激するものだと思います。よくタバスコ好きの人は何にでもかけるといいますが、おそらくそうした特性が気に入っているのでしょう。

ただし、そんな独立系テイストのタバスコにもピッタリ合う料理があります。それは、〝酢〟を使った料理。タバスコは辛みだけが強調されがちの調味料ですが、実は酢も相当量加えられているため、**酢を使った料理とよくなじみます**。極端にいえば〝辛酢〟として使えば、タバスコの持っている強さをさらに引き出せるのです。コラムでも紹介しますが、韓国の冷麺は味付けに酢を使っているため、タバスコとよく合います。冷やし中華や酢の物、マリネもいいでしょう。酸味をうまく使えば、辛党以外の人でもタバスコをもっと有効に使えるのです。

◉ゼロカロリーでダイエットにも最適!

唐辛子に含まれている辛み成分のカプサイシンは、脂肪の分解を促し、ホルモンの分泌を助けたり、血液の流れをよくしたり、新陳代謝を活発にしてくれるため、ダイエット効果が期待できます。しかも、タバスコはゼロカロリーなので、安心して使えます。

知られざる
ひとふりのチカラ

！冷麺＋タバスコ

冷麺のスープには“酢”が多く含まれているため、これがタバスコの酸味とよく合います。好みですが、タバスコを３～５滴ふりかけると味が引き締まります。同じ理由からチャプチェ、日本の冷やし中華にも合います。

！回鍋肉＋タバスコ

回鍋肉1人前に２ふり。ドライな大人の味になってビールによく合います。

ただ、刺激が強く、胃を傷めるおそれもあるので、くれぐれも摂りすぎには注意したほうがいいでしょう。

最後に、唐辛子の辛みを計測する単位があるのはご存じでしょうか。スコーヴィルという単位で、正確にはカプサイシンを計測する単位です。この数値で表すと一般的な赤いタバスコは２５００～５０００スコーヴィル。最近、よく見かけるようになった緑色のハラペーニョは辛さ控えめで６００～１２００スコーヴィルです。一方、辛党に人気のハバネロは７０００～８００００スコーヴィルとなっています。好みに応じて使い分けてみてはいかがでしょうか。

練り梅のチカラ

ワサビが使われる料理には必ず練り梅も合うと覚えておく

小さいとき、たまに無性に梅干しが食べたくなるときがあり、その後、決まって熱を出していました。梅干しは私にとって体の不調を教えてくれる不思議な食べ物のひとつになっています。

古くから日本でよく食べられていた梅干しですが、最近はチューブ入りや瓶詰めのタイプが出回り、〝練り梅〟として調味料扱いされることも多くなっています。よく使われるのは手巻き寿司やおにぎり、または薬味としてでしょうか。梅干しだと1粒丸ごと食べなければならず、強烈な酸っぱさはときにつらく感じてしまうものですが、その点、練ってあれば好みの量だけ使って食べることができます。そんな理由から練り梅が一般に広まったのでしょう。

練り梅（梅干し）は、純粋な日本の食べ物です。海外では物珍しさで食べる人がいても料理に使われることはほぼありません。その点からいっても、練り梅は100％和の味覚です。もっといえば、練り梅を少量でも使うとどんな料理でも和食風に変化させてしまいます。それほど、強い個性を持った調味料といえます。

同じように少量使っただけでも和食にしてしまう存在としてワサビが挙げられます。ワサビが西の横綱だとしたら、東の横綱はこの練り梅です。実際、**ワサビが使われる料理には必ず練り梅も合う**のです。辛みと酸味、種類こそ違いますが、お互い和食にはなくてはならない存在なのです。

練り梅の味の特徴はご存じのとおり、思い浮かべるだけで唾が湧き出るほどの酸っぱさ。梅干しは1粒を一度に食べると塩分も強いですし、他の料理の味がわからなくなってしまうほど強烈ですが、練り梅のように少量で使えるものであれば口の中をさわやかにしてくれます。また、**臭み消し調味料としても優秀**で、クセが強い素材でもさっぱりさせてくれます。イワシの梅煮は典型的な例で、イワシの生臭さを一網打尽にしつつ、素材と梅の香りを調和させ、おいしい料理に昇華させていきます。

ちなみに、梅には魚の骨をやわらかくする特徴もあります。イワシの梅煮が骨まで丸ごと食べられるのも、実は梅干しのチカラによるものです。

◉焼いた梅干しを一日1個食べると育毛効果!?

練り梅＝梅干しはクエン酸が豊富に含まれているため、疲労回復に効果が高いとされています。肉体だけではなく神経疲労にも有効なので、ストレスがたまってるなと思ったときはぜひ摂りたいものです。また、肝臓の機能を高める効果や利尿作用もあるので二日酔いにも効きます。

殺菌防腐作用も強く、以前お手伝いさせていただいた番組で100年物の梅干しを盛り付けたことがありました。塩がふいてしわっぽい状態でしたが、今でも普通に食べられるとのこと。梅干しは梅とシソを塩漬けした発酵食品なので保存性も高いのですが、それにしても1世紀も昔のものとは驚きました。

最後に男性にとって有用な情報をひとつ。梅干しを焼くことで生まれるムフラメール成分は血流を促し、育毛にも良いということです。焼いた梅干しは、健康な髪の維持に必要な食べ物というわけです。目安として一日1個は食べてください。最近、ちょっと抜け毛や白髪が気になるという人はぜひお試しあれ。

知られざる ひとふりのチカラ

！マグロのやまかけ＋練り梅

本文でも触れましたが、ワサビが合う料理は、練り梅も合います。マグロのやまかけは中でもオススメの一品。醬油に練り梅を小さじ⅓～½加えて食べると、程よい塩分がマグロの刺身の味を引き立て、しかもやまかけをさっぱり食べられます。これぞ練り梅の妙。

！酢豚＋練り梅

こってりした味の酢豚に練り梅を小さじ⅓～½杯ほどまぶすと後味さっぱり食べられます。また、甘さと酸っぱさが程よく調和して、しつこさを感じなくなります。

！プルーン

女性に人気の高いプルーン。こちらに練り梅をつけて食べると、甘みのある梅干しのような味覚に変化。パクパク食べられてしまいます。

ハチミツのチカラ

砂糖の代わりに
カロリーは砂糖の3分の2
ヨーグルトとの相性もよし

とろりとした品のいい甘みが特徴のハチミツは、ミツバチが採集した花の蜜が酵素の作用によって変化した天然の糖。文献によると紀元前一万数千年も昔から食用にしていたとの記録が残っています。甘いものといえば果物しかなかった時代ですから、当時は大変貴重なご馳走だったに違いありません。

ハチミツといえば、一般的にはデザートやパンにつけて食べることがほとんどだと思います。しかし、ハチミツは甘みに少しクセがあるものの、邪魔をする味ではないため、料理にも**砂糖の代わり**に使えます。しかも、天然の甘みのため、料理が上品な味に仕上がります。

私の場合は和食の煮物によく使っていますが、甘みが素材によくなじむ点が気に入っています。

料理以外ではヨーグルトとの組み合わせがベスト。味もさることながら、ハチミツの成分のひとつのグルコン酸は、有機酸の中で唯一大腸に到達し、大腸でビフィズス菌を増やします。腸内環境を整えて悪玉菌を減らす働きをするので、便秘改善にとてもよいですし、さらにカルシウムを吸収しやすくする働きもあります。

また、**ハチミツは砂糖に比べてカロリーは3分の2と低カロリー**。しかもビタミン、ミネラルをバランスよく含み、消化に時間がかからないため脂肪になりにくい性質を持っています。メタボリック症候群が気になる人やダイエット中の人は、コーヒーや紅茶にハチミツを使ってみるのも手です。

ただし気をつけたいのは使う量。ハチミツの甘みは体温付近でいちばん強く感じ、それより高くても低くても弱く感じます。37度で感じた甘みは、17度になると3分の1以下の甘みしか感じなくなってしまいます。温かい料理や冷たい料理に使うときは入れすぎに注意しましょう。

ハチミツは甘み以外にも、さまざまな潜在能力を秘めています。まずは**腐敗を防ぐ強力な殺菌力**。古代エジプトではすでに養蜂がおこなわれており、ミイラづくりにも利用されていました。近代になってエジプトのピラミッドから発掘された33

00年以上も前のハチミツが、まったく変質しておらず食べることができたそうです。つまり、賞味期限3000年以上！　というわけです。

保存していると白く濁ることがありますが、これは低温で結晶してしまうのが原因です。その場合はレンジを使って低温で温めると元の色に戻ります。

そのほかにも、抗酸化作用が強く美容、アンチエイジングにも効果が高いといわれていますし、ハチミツに含まれている果糖とブドウ糖は体内に入ると直ちに栄養分に変わるため疲労回復にも即効性があります。

ところで、ハチミツのビンをよく見たことがありますでしょうか？　多くの場合、花の名前が書かれています。あまり知られていませんが、ミツバチはひとつの花の盛りが終わるまでその花にしか通いません。しかも、仲間に蜜源をダンスで伝える習性があるため、同じ巣では基本的に単一の花のハチミツが完成します。ですから、一口にハチミツといってもいろいろな花の蜜の種類があるのです。

菩提樹のハチミツを試食したことがありますが、ハッカを食べた後のようにスーッとして驚きました。近頃では、量り売りをしているお店も多くなってきたので、食べ比べをして好みの味を見つけてみるのもおもしろいかもしれません。

知られざる ひとふりのチカラ

! サラミ・生ハム＋ハチミツ

ほんの少量のハチミツを加えると塩分がやわらぎ、お肉本来の甘さが引き立ちます。まさに上品な味わいになり、シャンパンにとてもよく合います。極上のパーティメニューとして。

! パルミジャーノチーズ＋ハチミツ

チーズなのに、まるで違うデザートのように変化。こちらも品のいい甘さになり、シェリーなど食前酒にぴったり。塩味の強いペコリーノチーズやカマンベールチーズでも美味。

! 冷麺＋ハチミツ

大さじ１杯ほどかけると辛みがやわらぎ、スープもすべて飲めてしまうほど味がまろやかに。冷やし中華にかけてもおいしいです。

マスタードのチカラ

肉の脂っぽさを緩和して野菜の甘みを強調してくれる

一般的に洋辛子をマスタード、和辛子を辛子《からし》と呼びます。また、粒が残っているものが粒マスタードです。ここでは3種類をまとめて解説します。

マスタードはもともとカラシナ類のタネ。ホワイト、ブラック、ブラウンのタイプがあり、和辛子はブラウンに属します。一般的に「和辛子」と表示されているほうが辛みは強くなっています。いっぽう居酒屋やレストランでソーセージやウィンナーを頼むと必ず添えられているのが粒マスタード。ワインビネガーやワイン、香辛料などで味付けされており、ドイツを中心にヨーロッパで特に好まれています。そんな粒マスタードにはイエローとホワイトがあり、前者はドイツ流、後者はイギリス流です。

マスタードと聞いて思い浮かぶのは、唐辛子ともワサビとも異なる独特のドライな辛みでしょう。

タネのまま食べても辛さはありませんが、水を加えて練ることで辛みが増します。量を間違えると涙が出るほど強烈に辛さを感じますが、適量であればマイルド。また、邪魔にならない辛みのため、マヨネーズと合わせてドレッシングにするなど、料理のアクセントとしても活用されています。もともと**素材の脂っぽさを緩和してくれる作用が強く**、肉類や揚げ物、シュウマイなどの点心料理を食べるときには欠かせない調味料となっています。

私がマスタードの凄みを感じるのは、おでん＋マスタードの組み合わせです。おでんに唐辛子やワサビなどの辛みを加えては逆効果ですが、マスタードだけは不思議と合いますよね。なぜおでんにマスタードの辛みが必要なのだろう、と一時期考えていたのですが、あるときふと閃いたのです。おでんにマスタードの〝辛み〟を加えるからおいしくなるのではない、マスタードは〝淡泊な味のおでんの食材の味を引き出す〟のだと。

思えばやはり淡泊な味のポトフにもマスタードはよく使われています。結論として、**マスタードは特に野菜の甘みをより強調できる**、ということで自ら納得することができました。コラムでも紹介しますが、ロールキャベツに粒マスタードを加えて食べるとその効果を実感できると思います。

また、もうひとつマスタードの特徴として挙げたいのが、**〝熱〟に強い**こと。たとえばワサビは熱を加えると香りが飛んでしまいますが、一方、マスタードはどんな熱い料理でもその風味はあせることがありません。

◉どんな味にも決して負けない独自性

マスタードは単独で使うよりも、他の調味料と合わせて使われることが多い調味料です。たとえばトンカツやカキフライなどの揚げ物はソースとともに、サラダやサンドイッチではマヨネーズとともに使われています。

ソースもマヨネーズも料理そのものの味付けに使うほど強い味ですが、マスタードは負けることなく調和しています。

そう考えてみると、マスタードはどんなときでも、その刺激で自身の味を主張できる調味料だと思います。

強い調味料にも決して巻かれない強さを持っているのです。

知られざる
ひとふりの
チカラ

！ロールキャベツ＋粒マスタード

一見、ありがちに思えますが、実際に組み合わせている人は見たことがありません。マスタードを使うとキャベツが甘くなるうえ、肉の旨みが強調されます。たっぷりの粒マスタードを使うのがポイント。

！豚の生姜焼き＋マスタード

マスタードを小さじ1～2杯かけると、生姜焼きが洋風の味に。ドライな味になっておつまみとしてもいけます。

！ツナサラダ＋粒マスタード

粒マスタードを小さじ１～２杯かけて混ぜると、酸味がうまく効いてバーで出される創作料理のような味に。

ポン酢のチカラ

使うコツは あっさり食べたいときに 醤油の代わりに使うこと

水炊き、ちゃんこ、ふぐ鍋……冬の鍋物に欠かせないのがポン酢です。原料は、柚子やスダチ、ダイダイなどの柑橘系の果汁。これに醤油、みりん、だしなどを加えて作られます。

今では鍋物だけではなく、万能調味料として、日本の家庭にはなくてはならないものになっています。

ポン酢のいちばんの特性は、料理の味をあっさりとしてくれること。醤油だけだとどうしても塩分が強くなってしまいますが、ポン酢ならフルーティな柑橘果汁の香りが、**どんなものでもさっぱりした味付けに変えて**くれます。

まず、鍋物以外では、サラダに合います。生牡蠣にひとたらししてもＯＫ。意外に合うのが焼き魚＋ポン酢。酸味が魚の臭みをやわらげてくれ、食欲が進みます。

大根おろしもポン酢を使うと大根本来の甘みを引き出してくれるので、ダブルでおいしくなります。

そのほかにも大豆製品との相性がよく、豆腐や納豆にもよくなじみます。私はハンバーグ、餃子などの焼き物、マカロニサラダにも使っています。これほどの多くの料理にマッチするのは、ポン酢は、お醤油ほど塩分が多くないことがいちばんの理由だと思います。お醤油も日本の代表的な調味料ですが、時にはしょっぱさに飽きることがあります。そんなとき、**お醤油の代わりにポン酢**を使えば、柑橘系の香りの効果で、刺激の少ないやさしい味に変えられます。

また、ポン酢＋卵料理の相性も悪くありません。卵自体はもともと味が薄いのでどんな調味料でも合うのですが、ポン酢を使うと卵が本来持っている甘みを増します。コラムで紹介する茶碗蒸しも、あれっ？　と思うぐらい卵の味を感じてビックリすることうけあいです。このように、ポン酢は素材そのものの味を引き出すチカラも強いのだと覚えておいてください。

なお、ポン酢の原料である柑橘系はビタミンＣが豊富。クエン酸、リンゴ酸、酒石酸などを含み、疲労回復や肩こりを緩和させるので、疲れているときは多めに摂

知られざる
ひとふりのチカラ

！茶碗蒸し＋ポン酢

卵を使う茶碗蒸しは、ポン酢とよく合う一品。コンビニ、スーパーで買った茶碗蒸しにひと廻しふりかけると、あっさりして上質な味に。

ることをオススメします。

◉鍋といえばなぜポン酢なのか？

ポン酢はいろいろな食材に合うことを紹介しましたが、王道はやはり鍋でしょう。鍋にポン酢がマッチする理由は、魚や肉の脂っぽさをポン酢があっさりと流してくれるからですが、もう一点、日本人にとって、非常に大事な要素があります。

日本人は、温野菜を摂る機会が多くありません。たまに食べる鍋料理こそ、温野菜を摂るチャンスです。そのときにたっぷり温野菜を食べることができるのがポン酢のいちばんのチカラだと思います。

マヨネーズのチカラ

どんな料理にもことごとくマッチする最強の調味料

〝マヨラー〟なる言葉が一般化するほど、日本の食卓に強い影響力を持つマヨネーズ。以前、お仕事でご一緒させていただいた某タレントさんが「マヨネーズのような存在になりたい！」とおっしゃっていたのが印象的でした。理由は「幅広い年齢層から愛されるし邪魔にされない理想の存在だから」とのこと。なるほど、うまいことを言うなあと思ったものです。

私もまさに同感です。マヨネーズほど何にでも合ってクセのない調味料は他にありません。逆にいえば、八方美人のようにどんな料理にも合いすぎて、ときには困ってしまうこともあるほどです。というのも、私は仕事柄レシピを作ることが多いのですが、苦労して試作を重ねても、結局マヨネーズを合わせたほうがおいしいことが数多くあります。それだけ万人の口に合うということなのでしょうが、私としてはせっかくの苦労が水の泡。ある意味プロ泣かせの調味料ともいえます。

それはさておき、マヨネーズは単体でも味付けのできる完結した調味料。どんなメニューにもぴたりと合ってしまうので、調味料界の〝ジョーカー〟です。数十年前まではほとんどサラダ専用に使われていましたが、最近いろいろな料理に使われるようになり、日本人の食生活のバリエーションを大きく増やしました。醤油や辛子など他の調味料とも合いますし、既存の料理にマヨネーズを入れてもおいしくなります。極端なことをいわせてもらえば、私は和食、中華、洋食に加えて「マヨネーズ食」もジャンルのひとつに加えてもいいのでは、とまで思っています。

マヨネーズの主原料は、植物油と酢、卵。これに塩や香辛料、糖類を加えて乳化させたのがマヨネーズです。由来は諸説ありますが、スペインのメノルカ島のマオンという街で生まれたというのが有力です。ちなみに、日本で初めて市販されたのは1925年のこと。キユーピーの創始者である中島董一郎《とういちろう》氏が農商務省（現・農林水産省）の海外実業練習生としてアメリカに留学していたとき、マヨネーズの高い栄養価と味に魅せられ、ぜひとも日本に広めたいと販売にこぎつけたそうです。今では日本はアメリカに次いで世界第2位のマヨネーズ消費国となっています。

◉β-カロテンの摂取量を7倍に高める!

どんな料理にも合うマヨネーズですが、ひとつだけ弱点があるとすれば脂質が70%と高カロリーなこと。ついたくさん使いがちですが、マヨネーズ大さじ1（12グラム）は砂糖大さじ2・5杯（21グラム）と同じカロリーになります。ただし、その一方でコレステロールを抑えるオレイン酸やリノール酸がバランスよく含まれているので、適度な量なら健康にもいいでしょう。気になる人はカロリーハーフタイプを使うのも手です。

最近ではマヨネーズのβ-カロテン摂取効果が話題を呼んでいます。βカロテンはがん予防やコレステロールを低下する効果のある脂溶性のビタミンですが、野菜をそのまま食べるのに比べて、油と合わせると2倍、ところがマヨネーズと合わせるとなんと7倍も吸収力が高まるそうです。

◉マヨネーズで3分レンジクッキング

マヨネーズは出来上がった料理にかけることが多いですが、もちろん料理でも大活躍します。

特に、マヨネーズは味がついているうえに油分が多く含まれているため、料理にまるっきり疎い男性でも簡単にできる、手抜きレシピがたくさんあります。ここではマヨネーズを使った「鶏の唐揚げ」を作る方法を伝授しましょう。

まずは鶏肉を買ってきて、醬油と生姜（似た味のドレッシングでの代用も可）に5〜6分漬けて下味をつけます。続いてマヨネーズを表面に軽く塗りつけ、小麦粉をまぶします。これを600ワットのレンジに入れて3分。それだけでカリッと揚げたての唐揚げの出来上がりです。小麦粉の代わりに片栗粉をまぶせば「竜田揚げ」、パン粉をまぶせばカツレツにもなります。つまりマヨネーズフライですが、簡単なばかりか本当においしくてびっくりするはずです。

また、ポテトフライやポテトチップスに水を含ませてやわらかくし、丸めてから表面にマヨネーズを塗り、小麦粉をまぶしてレンジで3〜4分待てばコロッケが出来上がります。さらに、同じ材料に水分を混ぜて、上からマヨネーズをたっぷりかけ、オーブントースターで7〜8分程度焼けば、グラタンも作れてしまいます。これを応用すればもっといろいろなレシピができるのでお試しあれ！

知られざる
ひとふりのチカラ

青木敦子セレクト
《 マヨネーズを使ったお料理ベスト10 》

1位　ビビンバ
コチュジャンとマヨネーズの組み合わせは絶妙です。

2位　カルパッチョ
少量のオリーブオイル、塩・レモン汁を加えたうえにマヨネーズを。感激の味でした。

3位　サムパプ（肉味噌とご飯を野菜で巻いて食べるもの）
肉味噌とマヨネーズの組み合わせ。食べ始めると止まりません。

4位　生春巻
自分で作る時は中にほんの少しマヨネーズを加えるとおいしさアップ。

5位　照り焼きハンバーグ
照り焼きソースのハンバーグにほんの少しのマヨネーズを加えると絶品。

6位　チヂミ
そのままつけても、つけダレに加えてもおいしい。粉物とマヨネーズは非常に相性がいいと思います。

7位　焼きそば
高校生のときによく食べていました。懐かしい気持ちになります。

8位　納豆
独特の臭みがやわらぎ、納豆嫌いの人でも食べられるのでは。

9位　回鍋肉
半分は普通に食べて、残りの半分にマヨネーズを加えて食べると、2種類の味が楽しめてオススメです。

10位　唐揚げ
少しだけつけて食べてください。予想外においしいです。

みりんのチカラ

甘みとテリを加える和食専門調味料 辛さをやわらげる効果も

和食に欠かせないのがみりんです。香り高い甘みとコクを加え、生臭みを消し、美しいテリを出す効果があります。また、煮くずれを防ぐ効果があるので魚などを煮るときによく使われています。

大別すると、本みりんと、みりん調味料の二つに分けられます。本みりんはもち米と米麹に焼酎もしくはアルコールを加えて発酵させ、1～2か月熟成させたもの。

ちなみに、本みりんは江戸時代に日本酒が一般的になる前までは高級酒として飲まれていました。実際、本みりんはアルコール度数が十数%あり、1996年以前までは酒税がかかっていて酒屋さんでしか購入できませんでした。今では酒税法が緩和され、スーパーなどでも買えるようになっています。

知られざる ひとふりのチカラ

！うなぎの蒲焼き＋みりん

スーパーや総菜店で買ってきたうなぎの蒲焼きに本みりんを軽くひとふりし、ラップをしてレンジで温める。表面に照りも出ますし、含まれているアルコールによってふっくら柔らかく仕上がります。ただし、かけすぎると甘くなりすぎるので注意。

！カレーライス＋みりん

少し辛すぎたカレーにほんのひとふり。コクのある甘さがカレーの辛さをやわらげてくれます。

一方、みりん風調味料は発酵・熟成はせず、ブドウ糖や水あめなどの糖類と化学調味料などを加えて作られます。こちらはアルコール1％未満となっています。

みりんの特徴はなんといっても甘み。9種類の糖類が合体した品のいい甘みは、料理に丸みを加えてくれます。

ちなみにコラムでも書いていますが、カレーなど「ちょっと辛い料理だな」と思うこともあるでしょう。そんなときは、みりんをほんのひとふりすれば辛さを緩和したうえでコクも倍増してくれます。これは和洋中問わず有効なワザなので、もし辛みをつけすぎてしまったというときは、みりんでリカバリーを試みては？

麺つゆのチカラ

麺つゆと呼ばれているが実は、あらゆる和食に使える〝だし醤油〟

そばやうどん、そうめんを手軽に食べられるようにと商品化されたのが「麺つゆ」。本来つゆは自分の家で作るものでしたが、だしをとるなど大変手間のかかるものでした。そこで麺を手軽においしく食べられる現在のインスタントタイプが普及。今では麺つゆの市場は年間約６００億円（06年）にものぼるそうです。

麺つゆの主な原料は、醤油、砂糖、みりん、カツオだしなど。このラインナップを見てわかるとおり、日本を代表する調味料たちがずらり勢揃いしています。つまり、麺つゆと名前はついているものの、実はどんな和食にも応用できる和食の汎用調味料。それも「旨み」「甘み」「塩味」が三位一体となった、和食のユーティリティプレーヤーなのです。

実際、麺つゆは、煮物の味付けはもちろん、魚の煮付け、天つゆ、炊き込みご飯、おでんなど幅広く利用することができます。卵かけご飯や納豆にかけてもおいしいですし、基本的に**醤油を使うものならすべて合う**と考えていいと思います。

私も、**麺つゆというより、〝だし醤油〟**と思って大いに使っています。特に、味を濃くしたいけれど醤油だと塩分が強すぎてしまうと思ったときは、麺つゆの出番。だしでコクを出せるため、少し使うだけで全体の味をしょっぱすぎずバランスよく調えることができます。

逆に、難点としては、甘みが少し多いので、味にパンチをつけたいときは不向きです。そういうときは醤油を少し加えることで味が引き締まります。ちなみに、意外に合うのがマヨネーズです。マヨネーズの酸っぱさがこなれてマイルドであっさりした味わいを楽しめます。麺つゆの注意点は、必ず冷蔵庫で保存すること。常温で保存すると菌の繁殖が盛んになるばかりか、風味も損なわれます。できれば小さいボトルのものを買って、開封後は早めに使い切るようにしましょう。

◉麺つゆでカツ丼３分クッキング

さて、麺つゆのチカラを理解するのに簡単なレシピをひとつ紹介したいと思いま

知られざる
ひとふりのチカラ

❗ マカロニサラダ＋麺つゆ

タラ～とひとふりすると、マヨネーズの“くどさ”が緩和されてあっさり食べられます。おかずとして食べるとご飯が進みます。

❗ チヂミ＋麺つゆ

韓国版お好み焼きのチヂミ。今では冷凍食品でも取り扱っています。麺つゆをつけて食べると粉っぽさが緩和されて、コクのある味に。少しかき揚げに似た味にもなります。

す。独身男性の大好物「カツ丼」も麺つゆを使えばたったの3分で調理できてしまいます。

まずは、スーパーや肉屋さんでトンカツを1枚買ってきます。小さなフライパンに水大さじ4杯（60cc）と、麺つゆ（2倍濃縮）を大さじ2杯入れます（好みで砂糖も）。薄切りしたタマネギを入れ、煮えたら、食べやすい大きさに切ったトンカツを加えます。あまり煮込まず溶き卵を入れて蓋をします。1分ほど待ったら出来上がり。あとはご飯にのせて食べるだけ。

お店で食べるカツ丼と同じ味を楽しめます。

焼き肉のタレのチカラ

使うコツは甘みスパイスが加わった醬油と思って

1963年、まだ牛肉が高嶺の花だった時代に、初めて焼き肉のタレの市販を開始。それまではお店でしか食べられなかった焼き肉が、一気に家庭に広まりました。まさしく日本の食文化を大きく変えた歴史的な調味料のひとつだと思っています。

メーカー、種類によって違いますが、基本的には醬油ベースで、砂糖、ニンニク、タマネギが含まれています。最近では、果物のすりおろしやゴマが入っているものなどバリエーションが増えています。

焼き肉のタレも、今では主婦を中心に、当たり前のように調味料として使われるようになってきました。第一の理由としては、醬油をベースにアレンジしたミックスソースだということ。日本の食卓に並ぶ料理のほとんどは醬油に合うもの。つまり、醬油ベースならさまざまな料理に応用が利きます。同じ醬油ベースの調味料というと、ポン酢や和風ドレッシングがありますが、これらは酸味があり、あっさり食べたいときに限定されます。その点、焼き肉のタレは甘みやコクを加えた、一種の〝甘み&スパイシー醬油〟。醬油代わりとしてもどんどん使えます。

第二の理由としては、焼き肉のタレ自体がミックス調味料なので、なんでもこれひとつで〝ワンストップ調理〟できることでしょう。たとえば王道の使い方としては炒め物。もともと焼き肉用のタレですからどんな肉にも合いますし、淡泊な野菜の味を引き出してくれます。ニンニクのスパイシーな香りも加わりますし、最初から塩味がついているのでこれだけで料理を完結することができます。このように料理に簡単に味付けできる〝インスタント調味料〟だからこそ、絶大な支持を集めているのだと思います。

和食全般に使えますが、私のお気に入りは大根おろしにちょっとふりかけて使うこと。焼いた肉にのせて食べてもいいですし、餃子などもあっさり食べることができます。タレの甘みが大根の辛みをやわらげてくれるので、大根本来の旨みを楽しめます。そのほかにも、焼きナスにふりかけても甘みと味がしっかりなじみますし、コロッケはソースの代わりに焼き肉のタレをつけるとご飯が進んでついおかわりし

知られざる
ひとふりのチカラ

！サンマの塩焼き＋焼き肉のタレ

オススメは混ぜご飯。サンマの身をほぐして白いご飯にのせ、最後に焼き肉のタレを軽くひと廻し加えてよく混ぜ合わせます。ただし、焼き肉のタレの原液は濃いので、少しずつ味を確かめながら味付けしてください。

！カキフライ＋焼き肉のタレ

焼き肉のタレをひと廻しかけて食べてみてください。ちょっとエスニックな味に変わります。他のフライ料理にも応用できます。

たくなるほど。また、目玉焼きや卵焼きに焼き肉のタレをかけても違和感なく食べられます。タレの甘みが卵の味を引き立ててくれるのだと思います。私の場合は、煮物などを作るときに隠し味によく利用しています。

　最後に焼き肉のタレを使った簡単レシピをひとつ。冷蔵庫に残った野菜を軽く炒めて焼き肉のタレをからめます。炊飯器にお米と水、炒め野菜を入れてスイッチオン。たったこれだけで、ニンニクの風味が効いた炊き込みご飯の出来上がり。一度作って、おにぎりにして冷凍保存しておけば、お腹がすいたときにいつでもレンジで温めて食べられます。

ラー油のチカラ

餃子だけではなく汁物、乳製品ともすごく合う

ラー油の原料は、ゴマ油と唐辛子。もっとも、市販の安いタイプではコストダウンのためにゴマ油の代わりに植物油を使い、パプリカを加えたものもあるようです。でも、ラー油はさほど使うものではないので、少し高くてもゴマ油を使ったものを購入することをオススメします。

最近では、沖縄の島唐辛子を使ったラー油も人気を集めています。私も好きで何種類か持っていますが、こちらは他の香辛料をいろいろミックスし、普通のものよりピリッとした辛さが特徴です。

ラー油といえば、通常は餃子のタレに加えるのがほとんどだと思います。それ以外にあまり使われないので、いわば〝孤高の調味料〟ともいえる存在でしょうか。しかし、私自身はもっと日の当たっていい調味料だと思っています。辛み＋ゴマ油

の香りは食欲をそそる味覚ですし、料理にワンポイント加えるにはうってつけです。少量使うだけでも味にコクや深みをつけられますし、餃子のタレで組み合わせる酢とのパートナーシップも抜群です。

私のお気に入りは汁物との合わせワザ。味噌汁やスープにほんの数滴たらすとゴマ油と辛みがよく混ざり合い、風味が立ちます。冬の寒いときなどは体がポカポカ温まりますし、ノドにピリッとくる刺激はクセになること必至です。

一方、おもしろいのは**カレーとの組み合わせ**。ほんの2～3滴たらすだけで、香辛料の辛さに、唐辛子の辛さが加わって、より味が引き締まります。ほのかなゴマ油の香りも加わり、いつも以上にスプーンを持つ手が止まらなくなります。

合うといえば、ラー油と乳製品の組み合わせ。試しにピザを食べるときにラー油をタバスコ代わりにかけてみてください。とろけたチーズにラー油の香ばしい風味がうまくからみあって食べやすくなります。

とりわけピザは食べ始めこそおいしいですが、途中でチーズの香りがヘビーに感じて手が止まってしまうもの。そんなときにラー油をたらせば胃がもたれることなくサクサクと食べられてしまいます。

また、お酒のおつまみでは、アサリの酒蒸しに2～3滴。唐辛子の辛さが貝の甘さを引き立て、旨みがにじみ出ます。

◉自家製ラー油の作り方

ラー油は唐辛子とゴマ油さえあれば家でもできるので、時間があるときに作っておくのも手です。レシピは簡単。私の場合は、ゴマ油に細かく刻んだ唐辛子に七味唐辛子をプラスして、ゆっくり温めます。このとき火が強いと唐辛子が焦げてしまってゴマ油の香りが台なしになるので要注意。あくまでも低温でゆっくりと香りを移すことが重要です。

また、一度に大量に作りすぎないこともポイントです。これはラー油を含めて油類全体にいえることですが、封をして冷暗所に置いていても、ある期間を経ると酸化してしまいます。酸化するとゴマ油の風味が飛んでキナ臭い匂いになるので、すぐにわかります。

一度酸化すると元には戻らないので、半年に一度、使う分だけ少しずつ作るのが賢い方法です。

知られざる ひとふりのチカラ

！コンソメ味のスープ＋ラー油

カップに溶いた粉末のコンソメスープにラー油を数滴たらしてみてください。ピリッとした辛さとゴマ油のいい香りがスープにコクを加えます。一瞬で体が温まります。

！コーンスープ＋ラー油

コーンスープは甘みが強いものですが、ラー油を数滴かけると甘みをおさえたホットなスープが出来上がります。

！刺身＋ラー油

醤油少々にラー油を数滴。刺身1切れが、醤油とラー油の２種類の味付けで二度おいしい。韓国風味の刺身になります。

ワサビのチカラ

すべての料理を〝和〟に引き寄せる磁石のような調味料

子供の頃は大の苦手で食べられなかったのに、大人になると、ないと物足りなく感じるもの……飲み物ではコーヒーやお酒ですが、食でいうと「ワサビ」になるのではないでしょうか。ツーンと鼻に抜ける辛みと独特の刺激は、まさに大人の味。そばやうどん、刺身を食べるときには欠かせないものです。

あまり知られていませんが、生のワサビをかじってみても辛みはありません。ワサビはすりおろすことで細胞が破壊され、酵素の作用によって初めて辛みが発生します。辛みの正体はガス。ワサビの殺菌作用はよく知られていますが、実はこのガス自体が魚の寄生虫を殺す防腐作用を持っています。握り寿司には、ネタと酢飯の間にワサビが塗られていますが、これはワサビを密閉して殺菌作用をより高めることにより、食中毒などを避けるため。昔から生魚を好んで食べていた日本人ならではの知恵といえます。

余談ですが、ワサビにお砂糖かお塩をひとつまみ加えると、さらに辛くなります。酵素の関係によって細胞から辛み成分が現れて、辛みが強調されたのだと思いますが、思った以上にツーンとくるので、びっくりしたことがあります。

生魚など動物性食物の脂っぽさや臭みを消してくれるのもワサビの特徴です。脂ののったトロなどは醤油だけだと胸やけしそうになりますが、ワサビを加えることで脂分を程よく中和して、スーッと胃に流し込んでくれます。実際、ワサビは東洋医学では胃腸機能を回復し、食欲を高める効果があるとされています。

ところでワサビというと辛みだけが強調されがちですが、ワサビの真価はその影響力にあります。なぜなら、ワサビはどんな料理や食材でも、少量使えばたちまち和テイストに変えてしまいます。わかりやすい例でいうとアボカドでしょうか。アボカドは南米原産の果物ですが、醤油＋ワサビと合わせて食べることで、今ではすっかり和食として認知されています。

ほかにもサラダにワサビマヨネーズを加えれば和風サラダですし、韓国のナムルに少量つけるだけでも和の味わいになります。**ワサビは少量でも相手を〝和〟に引**

き寄せてしまう磁石のような食材なのです。

なぜワサビは料理を和テイストに変えてしまうのか？

理由は簡単です。もともとワサビは日本独特の香辛料で、他の国ではほとんど使われていません。われわれ日本人には、ワサビ＝和食というイメージが刷り込まれているのだと思います。

◉ワサビをおいしく食べるコツ

ちょっと高級なお寿司屋や料理店だと、本ワサビがそのままの形で出てくることがあります。よりおいしく食べるためにはおろし方も重要な要素。よく焦ってガリガリと素早くおろしてしまう人を見かけますが、あれは間違いです。

ワサビは目の細かいおろし器で、円を描きながらゆっくりおろすと、辛みと香りが強くなります。また、家でワサビをおろすときに鮫皮などのおろし金がない場合は、普通におろした後で、包丁で細かく叩くと、より辛みが出てきます。

いずれにしても、ワサビの辛みの成分は揮発性なので、**食べる寸前にすりおろすのがコツ**。10分以上経つと辛みや香りは飛んでしまいますので、つまみながらゆっ

知られざる
ひとふりのチカラ

！豚の角煮＋ワサビ

こってりとした角煮。白い所が多いと脂っぽくて見た目にもヘビーです。辛子をつけて食べることが多いのですが、バリエーションのひとつとして一度ワサビで食べてみてください。さっぱり食べられます。

！ナムル＋ワサビ

ナムルに少し多めにワサビを塗って、よく混ぜ合わせてから食べます。韓国料理なのに、和食に変化。日本酒に合うおつまみになります。

くり食べるときは少しずつすりおろしましょう。

ちなみに、粉ワサビやチューブで売られているワサビは、本ワサビではなく、ワサビ大根、または西洋ワサビとも呼ばれるホースラディッシュを使用していることが多いようです。

これは、高価な本ワサビに比べて安く（ヨーロッパではあまり食べないので安いのだと思います）、加工しやすいことが理由だと考えられます。

基本的に同じ刺激系の食材である**唐辛子を使った料理に使うとうまくハマることが多い**ので、いろいろ試してみてもいいと思います。

料理の腕&食生活を劇的に変えてくれる

どう使ったらいいのか ちょっと悩む調味料 篇

料理の腕をワンランクアップさせる魔法の調味料

アンチョビのチカラ

ピザのトッピングやパスタの具として知られるアンチョビ。魚の加工品だとは知っていても、どんなものか、あるいはどんなふうに使うかご存じの人は意外に少ないようです。

アンチョビの原材料はカタクチイワシ。その頭と内臓を取り除き、長時間塩漬けして発酵させて作られます。塩気が強く、小魚ならではの旨みが濃いのが特徴です。魚の〝塩辛〟のようなものというとイメージしやすいかもしれません。日本では、骨を取り除いて3枚におろしたオリーブオイル漬けタイプが一般的に出回っていますが、イタリアでは、オイル漬け、塩漬けの両方が売られています。

アンチョビは、単なる魚の加工品ではありません。実はイタリアを中心としたヨーロッパでは、アンチョビは「調味料」として広く使われています。どの家の冷蔵庫にも必ずチューブタイプのペーストやオイル漬けが常備してあり、そのままピザのトッピングとして散らすのはもちろんのこと、パスタのソースに使ったり、温野菜を食べるときにソースとして使ったりさまざまな用途に利用されています。

そんなアンチョビの調味料としての魅力は、ずばり料理の旨みをグッと引き上げてくれること。そもそもアンチョビは、ナンプラーなど世界中で広く使われる〝魚醬〟のひとつ。旨み成分であるイノシン酸をたっぷり含んでおり、どんな料理にも味に深みや奥行きを与えることが可能な調味料なのです。

イタリアではパスタのソースに当たり前のように使いますし、炒め物、煮物、サラダのドレッシングとどんな料理にでも使います。私もイタリアに留学してアンチョビの実力を知ったのですが、はじめてパスタのトマトソースにアンチョビを少量混ぜたときは驚きました。本当に、自分の料理の腕が何倍にも上がったような気がしたものです。アンチョビはそれだけ料理のランクアップに結びつくチカラを持った調味料です。

アンチョビの真の味を知るには作ってみるのが一番。フライパンにニンニク、アンチョビ、オリーブオイルを入れて弱火で温め、油に香りが移ったら、野菜、魚、肉、パスタ、なんでも加えて混ぜ合わせてみてください。それだけでおいしい一品が完成。家で食べるパスタが、高級イタリア店のリッチな味に確実に近づきます。

◉火を通せば通すほど臭みが消える

アンチョビを料理に使うときの注意としては、**ほんの少しでも塩辛いので大量に使わないこと**。あくまでも料理の底上げに使う調味料なので、入れすぎるとしょっぱすぎて食べられなくなります。アンチョビを使うときはいつもより塩を控えるなどの対策をとりましょう。

また、アンチョビは魚の匂いが強いため、慣れないうちはちょっと苦手と思う人もいるはず。料理でアンチョビを使う場合は、**火を通すと臭みが消えます**ので、なるべく最初の段階で入れましょう。

ちなみに、アンチョビの原料のカタクチイワシに含まれるDHAは、集中力、記憶力、学習能力や視力が向上する効果があるといわれています。さらに、コレステロール値を減少させるため、メタボリック対策にも最適です。ただし、塩分が強いので血圧が高い人はほどほどに。

知られざる
ひとふりのチカラ

! カリカリトースト+アンチョビペースト

アンチョビペースト小さじ¼杯と、室温に置いてやわらかくなったバター10gを混ぜ合わせ、カリカリに焼いたトーストやクラッカーにのせて食べます。ちょっとしたおつまみになります。

! スティックサラダ+マヨネーズ+アンチョビペースト

マヨネーズにアンチョビを加えると塩分とコクが増し、野菜の甘みが前面に出てきます。スティックサラダを食べるときに。

! ケチャップ+アンチョビペースト

アンチョビペースト小さじ¼杯とトマトケチャップ大さじ１杯を混ぜてください。より旨みとコクがアップ。フライドポテトにつけて食べると非常に美味。そのほか、本文でも触れたように、トマトソース全般に合います。また、ジャガイモとアンチョビの相性もよく、蒸したりゆでたりしたジャガイモにからめても、とてもおいしいです。

XO醬のチカラ

料理ベタな人にこそオススメ
究極の〝手抜きがバレない〟調味料

XO醬＝エックスオージャンと読みます。なんともインパクトの強い名前の調味料ですが、生まれたのは1980年代とつい最近のこと。香港ペニンシュラホテルの「嘉麟楼」の料理長が開発した調味料です。干しエビ、干し貝柱に金華ハム、塩漬け魚、各種香味野菜など十数種類を合わせて作る贅沢なもので、ずばり別名「グルメソース」とも称されます。なお、日本に紹介したのは周富徳さんとのことです。

なぜ「XO」なのか？　誰もが疑問に思うでしょう。これはブランデーの等級からとったもの。VSOPのひとつ上のランクが「XO（extra old)」で、料理長自ら命名しました。高級食材をふんだんに使い、緻密に計算された深い味わいは、まさにその名に恥じないもの。まず香港の人間を虜にし、瞬く間に世界中の美食家に認知されました。点心、麵、スープはもちろんのこと海鮮、肉、野菜の炒め物など、広東料理には欠かせない味になっています。

ちなみに、ＸＯ醬はもちろん市販されていますが、香港では各店で独自に組み合わせたオリジナルを作るケースが多く、その味を競い合っています。つまりＸＯ醬の味をみればその店の実力が推し量れるというわけです。

では、味はというと、〝完結〟という言葉が似合うほどのおいしさ。そのまま舐めてもおいしいですし、お湯をかければフカヒレスープにも劣らないほどの味です。それもそのはず、ペニンシュラの料理長が時間をかけて作り上げたのですから、おいしくないわけがありません。高級食材の旨みがギュッと凝縮され、どんな中国の料理でもグレードをアップしてくれます。

いちばん簡単にＸＯ醬の実力を知るには、１本買ってきて出来上がったインスタントラーメンに、小さじ2分の１杯をひと混ぜしてみてください。食べ慣れたはずのインスタントラーメンが、高級中華料理店の１５００円以上のラーメンに早変わり。ＸＯ醬の力強い味はもちろんのこと、味の神秘を実感できると思います。

そのほかにもホタテやエビの海鮮系旨みは、普段私たちが食べているものに加えても十分おいしくなります。

たとえば、塩辛にXO醬を少し加えて混ぜ合わせると、お酒の肴としていけますし、白いご飯にのせておかずとして食べてもとっても食が進みます。これはイカのグリコーゲンなどとの相乗効果で旨みが増すことに加え、何よりもXO醬には素材の持っているおいしさを増幅するチカラを持っていると思っています。私の場合はそんな特性をいかすために、鍋料理によく使います。鍋の中に隠し味として味付けもしますし、またポン酢やゴマダレにも少し加えると、もうたまらない味です。

◉料理ベタの独身男性にこそオススメ!

XO醬は独身男性の方こそぜひ買っておいていただきたい一品。先ほども申し上げたように、XO醬は何にでも使えて、おいしく仕上げてくれる調味料です。裏を返せば、XO醬を使えば誰が料理してもおいしい料理に出来上がるというわけです。炒飯を作るときに味付けをしてもいいですし、また冷蔵庫にキャベツしかなかったときも炒めながらXO醬で味をつけるとお店同様の味に。これも完成された味だからこそ。そういう意味では**究極の〝手抜き調味料〟**といってもいいと思います。

知られざる
ひとふりのチカラ

！お茶漬け+XO醬

ご飯にシラスやジャコをのせ、さらにXO醬を小さじ½ほどのせ、熱いお湯をかけて食べます。シラスやジャコが最高級のつくだ煮のような味となって、かきこむように食べたくなります。

！冷や奴+XO醬

豆腐に小さじ1杯のXO醬をのせて食べると、干しエビやホタテ貝柱のグルタミン酸効果で豆腐本来の味が引き立ち、XO醬自体の味も強調されて、絶品中華冷や奴の出来上がりです。

！モッツァレッラチーズ+XO醬

モッツァレッラチーズに挟むように塗って食べても美味。XO醬は多少辛みがありますが、チーズと合わせることでマイルドになりワインのおつまみなどに最適です。チーズ類とXO醬は意外に合うので、いろいろなチーズで試してみてください。

芝麻醤《チーマージャン》のチカラ

とがった味をとてもなめらかにするゴマペーストの調味料

芝麻醤＝チーマージャンと読みますが、すぐにどんな調味料か思い浮かぶ人は結構な中国料理通です。わかりやすくいうと、芝麻醤＝ゴマペースト＝練りゴマのこと。すり潰したゴマと、ゴマ油を混ぜてペースト状にしたものです。担々麺や棒々鶏に使われているといえば、「ああ、あの味か」と思い出せると思います。

味は、香りが高くクリーミー、マイルドなコクがあります。しゃぶしゃぶのゴマダレやサラダのドレッシングなどにも使われており、実は日本人にもおなじみの味覚です。和食のゴマ和えや冷やし中華にも使われ、数ある中華調味料の中でも和食との相性がいい調味料のひとつです。

芝麻醤は、体にも非常によい調味料です。いってみれば「健康活脳調味料」でしょうか。

なぜなら芝麻醤の原料はゴマ&ゴマのコンビ。ゴマには、脳にゆとりや楽しみをもたらすために欠かせないビタミンB_1、イライラを防ぎ精神安定効果の高いカルシウム、血管を丈夫に保ち若返りのビタミンといわれるビタミンE、脳の老化を防ぎ記憶力や集中力をよくし、頭の機能向上に役立つレシチンなどが豊富に含まれています。そのほかにも肝機能改善、血圧低下・免疫力低下・老化防止効果があるといわれており、体や脳のためにもっともっとたくさん摂りたい素材のひとつです。

しかしながら、ゴマは、炒っただけのそのままの状態で食べても、なかなか体に吸収されません。そのままの状態では、せっかく食べても消化されずに体外に出てしまうのです。

そこで、芝麻醤の出番です。すり潰したうえにゴマ油でのばしているので、料理と一緒に胃から吸収されやすくなります。つまり、芝麻醤ならゴマの素晴らしい栄養素をキチンと摂取することができるというわけです。

料理では、**ゴマの香りをさせたいときは、和洋中なんにでも使ってほしい調味料**です。私自身は、料理の味をマイルドに仕上げたいときに隠し味として使っています。たとえば、醤油や味噌のツンとした塩分が料理になじまないときなどに芝麻醤

知られざる
ひとふりのチカラ

！ヒジキ煮＋芝麻醤

少し甘い味付けになっている醤油味のヒジキに、ゴマのマイルドさが混ざってそれぞれの旨みが倍増。ヒジキの味が確実にバージョンアップします。目安は1パックに小さじ1～2杯。

！豚汁＋芝麻醤

1人分の豚汁に小さじ½～1杯の芝麻醤を入れます。すると、味噌味にまろやかさが加わって宮崎の冷や汁のようになります。

を少量加えることで、味がまろやかになります。

同じように酸味の強い料理のときも、芝麻醤を足すと刺激がやわらぎます。私はそうめんを食べるときに、おつゆに芝麻醤を少しだけ混ぜます。そうすると味がとってもなめらかになるんですよ。

最後に芝麻醤を使った代表的な料理といえば担々麺ですが、なぜ〝担々麺〟というのか調べてみたことがあります。すると、昔、中国四川省の成都で、片方のかごには麺と具材を、そしてもう片方のかごに食器や調味料を入れた鍋を天秤棒にぶらさげて、両肩に〝担いで〟売り歩いたことが由来だそうです。

昆布茶のチカラ

使うコツは塩の代用品として塩分は塩の2分の1で減塩効果も

昆布茶といえば古くから親しまれてきた飲料。冬の寒い日に飲むと体にじんわりしみわたって温まり、心もホッと落ち着きますよね。ところで、なぜ調味料の本なのに昆布茶があるの？　と疑問を持つ人もいらっしゃると思います。

よく料理をする方ならご存じでしょうが、昆布茶は日本の新しい定番調味料として定着、もはや飲むだけのものではなく、和洋中さまざまな料理の味付けに欠かせない存在となっています。試しにお母さんや彼女、奥さんに聞いてみてください。「そんなことも知らないの？」と一笑に付されることうけあいです。

昆布茶が飲まれはじめたのは意外と最近で、江戸時代の中頃という文献が残っています。当時は昆布を刻んで乾燥させたものにお湯をかけていたとか。大正時代になって粉末状のものが市販され、庶民の間で広がりました。最近は若い人より年配の方に好まれているようです。

そんな昆布茶の魅力は、原料の昆布に含まれる旨みです。ご存じのとおり、昆布はだしとしても使われる和食の基本の食材です。昆布茶は、お茶のカフェインの代わりに、グルタミン酸が豊富に含まれているがゆえに、飲む人を和ませ、ここまで愛されてきたのだと思います。ちなみに、昆布の旨み成分を抽出し、それがグルタミン酸であることを発見したのは池田菊苗という科学者。１９０８年に論文を学会に発表し、この味を「旨み」と名付けたそうです。

◉塩の代わりにどんどん使える〝だし塩〟

さて、昆布茶は、何にでも使えるまさにオールマイティな調味料です。煮物、茶碗蒸し、炒め物、漬物、パスタ、ドレッシング、炊き込みご飯、お茶漬けなど合わないものを見つけるのが難しいほど。どんな料理も、旨み、コク、おいしさを確実にパワーアップしてくれます。その理由はもちろんグルタミン酸のチカラ。味を付けるのではなく、味を下から支えてぐーんと持ち上げてくれる……そう、味の偏差値を一気に高めてくれるものだと考えています。

知られざる
ひとふりのチカラ

! トマトのブルスケッタ＋梅昆布茶

トマトにも昆布にも同じグルタミン酸が含まれているので、より深い味わいになります。特にフランスパンにトマトを乗せたブルスケッタとのマッチングは絶妙。ワインのおつまみに。

! ゆで卵＋昆布茶

ゆで卵は普通塩をかけて食べますが、昆布茶を使うと程よい塩分＋だし効果で卵の味を引き立ててくれます。卵料理全般によく合います。

昆布茶を使うのならいっそのこと、昆布だしを料理に使えばいいじゃないか、と思うかもしれません。しかし、昆布茶はだしを取ることなく、パパッとふりかけられるのが魅力。しかも、昆布茶が調味料として素晴らしいのは、あらかじめ塩分が加わっていること。**昆布茶の塩分は塩の約２分の１**ですから、減塩効果も期待できるというわけです。

私の場合、**昆布茶を塩の代用品**として使っています。あくまでも個人的な考えですが、昆布茶は、お茶ではなく、〝だし塩〟、あるいはコクを出すための〝コク塩〟と呼んでいい調味料なのだと思っています。

沙茶醬《サーチャージャン》のチカラ

どんな料理も台湾屋台料理に変えてしまう中華バーベキューソース

台湾や香港に旅行に行ったことのある人なら、絶対に口にしたことがある調味料がコレ。それだけ現地ではよく使われる調味料で、コンビニに入っても何となく沙茶醬の匂いを感じてしまうほど。沙茶醬は、ホタテや干しエビ、魚、ネギ、ニンニク、ココナッツ、ゴマ、ピーナッツ油などを原料にした複合調味料。ピリッとした辛さもありますが、全体的にシーフードの香りがする、グルタミン酸がたっぷり含まれた旨みのかたまりといえるでしょう。

別名バーベキューソースと呼ばれているだけあって、炒め物や焼き物にピッタリの味です。実際、肉や野菜の炒め物やチャーハンにもよく使われており、現地では「沙茶炒飯」、「沙茶炒肉」など料理の名前にも付けられています。

また、沙茶醬は火鍋のタレとしてもポピュラーです。私も疲れたときや体が冷えたときなど火鍋をよく食べますが、何度食べても火鍋＋沙茶醬の組み合わせは絶品だと感心します。コクが出るばかりか、素材の味がグッと増すので、好きな人にはこたえられない一品です。

さて、そんな沙茶醬のいちばんの長所であり、また短所となるのが、料理に**ほんの少したらしただけで、ガラリと台湾料理にしてしまう**という点。コラムで紹介する組み合わせ例もしかりですが、どんなメニューに合わせても格段においしくなります。ただ、おいしくはなるのですが、その一方でとにかく味が強すぎて、料理の性格をガラッと変えてしまうのです。台湾や香港料理が好きな人にはたまらない味ですが、苦手に思う人にはちょっときつい味に感じてしまうかもしれません。

たとえていうなら日本の「ワサビ」的存在です。ワサビも同様に、洋食や中華にほんの少しでも入れると確実に和食の味に変えてしまいます。味こそまったく違いますが、個性が強く、料理全体の性格づけをしてしまうという点で、ワサビと沙茶醬はよく似ている調味料だと思います。

なお、市販品はビンで売っていますが、しばらく使わないと油と分離してしまうので、使うときはよく混ぜてから使いましょう。

知られざる
ひとふりのチカラ

「アジアの屋台味に変えてしまう3レシピ」

沙茶醤を使って台湾や香港の屋台の味を楽しめるレシピを紹介します。食べただけで、まるで現地に出かけたような気分を味わます。

！市販のビーフシチュー＋沙茶醤

レトルトのビーフシチューを温め、そこに沙茶醤を小さじ$\frac{1}{3}$ほど加えると台湾牛肉煮込みに！

！インスタントラーメン＋沙茶醤

出来上がりに小さじ$\frac{1}{2}$～1杯加えると、ラーメンのスープの旨みが増します。グルタミン酸が加わり、だしが強烈に利いたラーメンに。

！つくね＋沙茶醤

つけて食べると肉の旨みが引き立ち、風味がアップします。つくねはタレより塩味のほうがベター。

スウィートチリソースのチカラ

ひとふりで甘辛味のタイ料理に変えてしまう調味料

タイ料理でよく使われる〝チリソース〟には、ホットとスウィートの２種類があります。ホットはエビチリなどに使用する辛いタイプ。一方、スウィートは唐辛子、ニンニク、砂糖、酢を原料にしたもので〝甘辛い〟のが特徴。両者ともチリソースと呼ばれてはいますが、それぞれまったく異なる調味料です。ここでは日本で使われることが多いスウィートチリソースに絞って紹介します。

スウィートチリソースは、口に含むと最初はとろりと甘いのですが、数秒経つと辛みがこみあげてくるという複雑な調味料です。基本的に和洋中どんな料理でもおいしく食べられるのですが、一方で**どんなものでもタイ料理の味にしてしまう特性**を持っています。

たとえば薩摩揚げ。醬油＋おろし生姜で食べると純和食ですが、スウィートチリソースをつけて食べるとタイの薩摩揚げともいえるトートマンプラーに大変身。同じ食材とは思えないほど大きく味を変えてしまいます。いい意味でも悪い意味でも強烈なエスニックパワーを持った調味料といえるでしょう。

スウィートチリソースは甘酸っぱく、程よい辛さを後から感じられるのが特徴です。旨みも強く味わい深いので、料理に辛みとコクを増すことができます。和洋中どの料理にも合わせられるので、そのまま使ってもいいですし、お醤油、酢、味噌などに加えて和風の味付けにプラスしてもおいしく仕上がります。たとえばお醤油に足して、お豆腐にふりかけたり、お刺身を食べたりしてもおいしいと思います。

さすが暑いタイで好んで食べられているだけあって、真夏の暑い時期の食欲がないときでも、チリソースをひとふりしただけで、食欲が増します。食欲がないとき、元気をつけるときには、使ってみたい調味料です。

私がいちばん気に入っているのがフライ料理との組み合わせ。唐揚げ、フライドポテト、ポテトチップ、メキシコ料理のナチョスにつけて食べるとついお酒が進んでしまいます。現地でもフライ料理によく使われており、タイ料理が恋しくなったときには必須の調味料です。

知られざる
ひとふりのチカラ

！薩摩揚げ＋スウィートチリソース

本文でも触れましたが、日本の薩摩揚げにスウィートチリソースをかけると１秒でタイ料理に。「トートマンプラー」という現地の薩摩揚げ風料理の味になります。

！鶏の唐揚げ＋スウィートチリソース

唐揚げにつけて食べると、醤油ベースの味付けなのにエスニック風の唐揚げに変身。衣からニンニク風味が引き立ち、スパイシーフライドチキンに早変わりします。

！フライドポテト（ポテトチップス）＋スウィートチリソース

コンビニやハンバーガーショップなどで買ったフライドポテトをオーブントースターで６～７分温めてカリカリに。スウィートチリソースをつけて食べるとビールのおつまみに最適。

！おでんの大根＋スウィートチリソース

コンビニのおでんコーナーの大根を、スウィートチリソースにつけて。大根のやわらかい味にパンチが効いておもしろい味に。体も温まります。

甜麺醤《テンメンジャン》のチカラ

北京ダックに付いてくる〝中華甘味噌〟
ひと混ぜでレトルトでも
高級中華料理に変えてしまう

テンメンジャンと読むこの調味料。といっても、すぐに味が思い浮かぶ人はまだ少数派だと思います。

日本ではさほど知られていない調味料ですが、北京ダックを食べるときについてくる艶のある黒っぽい味噌、といえばピンと来るのではないでしょうか？　小麦粉の皮に北京ダックとキュウリとネギの千切りをのせて最後に塗る味噌、これぞ甜麺醤です。北京ダックのジューシーながら淡泊な味に、コクと深みを加えてくれる必要不可欠な存在です。

念のため、甜麺醤は北京ダック専用ではありません。中国の定番調味料のひとつで、多岐にわたって活躍しています。日本でもよく食べられている回鍋肉や麻婆豆腐、麻婆茄子、ジャージャー麺にも使われ、知名度が高くないわりに、実は私たちがよく口にしている調味料です。

原料は小麦粉。米麹を加えて発酵させた味噌で、濃厚な甘みと旨みが特徴です。なお、八丁味噌に、砂糖、醤油、ゴマ油を混ぜると甜麺醤に近い味になります。料理に使われていてもあまり気がつかないのは塩分がほとんどないため。一般的に中華の調味料は味が濃く、主張するものが多いのですが、甜麺醤は縁の下の力持ちのごとく、味の土台となって下から支える存在だと思います。私自身は、中国料理の中心に位置するものだと考えています。

実際の**料理での使われ方は、日本でいうと〝みりん的〟**。甘みと旨み、そしてコクを加えてくれるので、料理の味を丸くなめらかに調えてくれるチカラを持っています。試しに肉や野菜を炒めるときにちょっと加えてみてください。品のいい甘みが素材の味をやわらかくし、また発酵調味料独特のコクがジワッと浮き立っておいしさが確実にアップします。

もっと簡単に甜麺醤の威力を知るには、回鍋肉や麻婆豆腐などインスタント食品の半分にほんの少しの甜麺醤を混ぜてみてください。驚くなかれ、インスタント食品のはずが本格高級中華料理店の味にまで飛躍します。

甜麺醤を入れていないものと食べ比べるとその差は歴然。味音痴の方でも絶対納得できると思いますよ。

◉なんちゃって北京ダックの作り方!?

甜麺醤は、先ほども述べたように、表立って自己の味を主張しないため、とても汎用性の高い調味料です。ですので、和食、洋食、もちろん中華でも何にでも合います。私自身、軽く焼いた食パンに塗ってもおいしく食べられたときは驚いたものでした。

そこで発見したレシピに〝なんちゃって北京ダック〟があるのでご紹介します。ある日、北京ダックを無性に食べたくなったのですが、レストランで食べると高いですし、スーパーで簡単には買えません。仕方がないので冷蔵庫に入っていた鶏の皮をパリパリに焼いて、食パンにキュウリとネギと甜麺醤を挟んで食べてみました。これがまさに北京ダック的な味。安上がりなのに本当においしく仕上がりました。まさしく甜麺醤があればこそできる代用レシピです。北京ダックファンならびに中華料理ファンなら、ぜひ購入してみることをオススメします。

知られざる ひとふりのチカラ

！トースト＋甜麵醬

焼いた食パンに甜麵醬を薄く塗るだけ。甘党の人ならバターに匹敵するぐらいおいしくいただけます。そのほか、チーズやレタス、スモークサーモンなどにのせて食べても合います。程よい甘さがチーズとスモークサーモンの塩分とマッチし、味を引き立ててくれます。

！厚揚げ＋甜麵醬

表面に、少し厚めに甜麵醬を塗ります。厚揚げのちょっとぼんやりした味に甘みとコクが加わりおいしくなります。

！シチュー＋甜麵醬

レトルトのシチュー１人分に小さじ１杯入れて混ぜるだけ。シチューの甘みが増し、深い味わいに。

！あたりめ＋甜麵醬

甜麵醬を小皿に少量盛り、あたりめにつけて食べるだけ。マイルドな味になります。

ナンプラー《魚醤》のチカラ

使うコツは納豆、チーズなど発酵食品と合わせること

ナンプラーといえばタイの醤油として、日本でもすっかりおなじみです。原料は小魚を塩漬けし、発酵を経て作られます。発酵の過程でタンパク質がアミノ酸に分解されるため、旨み成分であるグルタミン酸が豊富に含まれています。醤油よりペプチドが多く含まれており、料理に使うと奥深い味に仕上がる特徴があります。ちなみに、ナンプラーはタイのものですが、そのほかにも魚醤はいろいろなところで使われていて、ベトナムではニョクマム、中国では魚露《ユイルウ》、インドネシアではケチャップイカンと呼ばれています。さらに、日本の、秋田のしょっつる（ハタハタで作る魚醤）や石川のいか汁（いかの魚醤）も大まかに分類すると同じ種類のものです。

このように、実にアジア的な調味料である魚醤ですが、実はヨーロッパでも古くから魚醤が使われていました。遡ること古代ローマ帝国時代、地中海近辺でも「ガ

ルム」というイワシなどの小魚や小エビなどを発酵させた魚醤を、肉や魚、パンにつけて食べていたとの記録が残っています。今ではガルムはほとんど使われなくなっていますが、104ページで紹介したアンチョビも、液体ではない魚醤の一種。海の恵みを発酵させて作った魚醤は、古くから人間の食生活に不可欠な存在だったのです。

さて、ナンプラーはタイでは日本の醤油のように味のベースとなるオールマイティな調味料。タイカレー、炒飯、スープ、煮込みなどほとんどの料理に使われています。タイ料理は辛みや甘み、酸味、さらにハーブの香りをつけるなどした複雑な味覚が魅力ですが、これもすべてナンプラーが旨みの土台を固めているために成り立つもの。ナンプラーなしの食生活などタイでは考えられないことなのです。

ナンプラーの特徴はさまざまありますが、**塩分が約21%と高いこと**がまずひとつ。旨みが濃縮されたエキスのため、あまり感じないかもしれませんが意外と塩辛いため使いすぎには要注意です。私もナンプラーを使うときは塩を控えめにしてバランスをとるようにしています。

もうひとつは**魚醤特有の香り**。風味が高く、その味が好きな人にはたまりませんが、なかには苦手な人もいるでしょう。でも、**料理の最初の頃に使えば生臭みが消えます**。覚えておくとエスニック料理を作るときに役立ちますよ。

コラムでも触れますが、**ナンプラーはチーズとの相性が抜群**です。これはお互いに発酵食品のため、成分同士がぶつからずスムーズになじむことから。旨みやコクが2乗になり、ビールやワイン、日本酒の最高のおつまみになります。他にも味噌や**納豆などの発酵食材とのマッチングもベスト**なのでいろいろ試しながら使ってみてください。

◉気分が沈むときはナンプラーでメンタル改善

ところで、仕事や普段の生活にストレスがあるという人にも、ナンプラーはオススメです。ナンプラーにはＤＨＡやＥＰＡなどが豊富に含まれています。ＤＨＡ（ドコサヘキサエン酸）は別名「脳の栄養素」とも呼ばれ、記憶力や脳の発達を高めるといわれていますし、ＥＰＡ（エイコサペンタエン酸）はうつ病や統合失調症にも効果があるといわれています。最近、気分が沈みがちという人は、ぜひスーパーでナンプラーを1本買って毎日摂るようにしてみては？

知られざる ひとふりのチカラ

！白いご飯＋バター＋ナンプラー

ご飯にバター大さじ１杯、ナンプラー小さじ½杯を入れてレンジで温めます。おかずがないときでもこれだけでエスニックディナーの出来上がりです。

！味噌汁＋ナンプラー

ほんの１〜２滴たらすだけで、旨みがアップ。普段飲んでいる味噌汁が一味違った風味で味わえます。

！炒飯＋ナンプラー

醤油の代わりに使います。旨み成分のお陰で、塩分も控えめにすることができます。作るのが面倒だという人は、冷凍炒飯に少しふりかけるだけでもタイ炒飯が出来上がります。

！チーズ＋ナンプラー

意外にお酒が進むおつまみです。あまり塩分の強くないチーズがベター。ほんの少しふりかける程度で大丈夫です。お互いに発酵食品なので、違和感なくなじんで、どんなお酒にも合うおつまみになります。

バルサミコ酢のチカラ

余った肉汁にひとふりして煮詰めれば高級レストランのソースに

名前の響きからしてゴージャスな感じのする〝バルサミコ酢〟。その香りは芳醇で濃厚。ブドウが原料のため、酢といえども甘みと独特の旨みを持っています。「公爵の酢」、「黄金の液体」ともいわれる由緒正しい調味料で、熟成を経た高級品になると、１本数万円以上するものもあります。グラム単価で換算すると、あの超高級食材トリュフに次ぐとか。数ある調味料の中でもまさに〝別格〟の存在です。

本場イタリアでは、どの家にも常備され、塩、胡椒、オリーブオイルにバルサミコ酢を加えて生野菜を食べたり、また、肉・魚料理のソースの仕上げなどに使われています。酸味がやわらかいため、お酢が苦手な人でも気にならずに食べられることから、最近では日本でも急速に人気が高まっています。

バルサミコ酢が持ち味を発揮するのは、調理の最後の香りづけです。私がこれまで出かけた一流のレストランでも、バルサミコ酢をうまく使っている、と感じたところが多くありました。バルサミコ酢をひとふりすることで、味に深みを与えると同時にフルーティな香りづけをしているのでしょう。甘酸っぱさとコクが増し、より料理の完成度が高められるのだと思います。

手軽にバルサミコ酢の威力を知りたいのであれば、フライパンで肉や魚を焼いた後、**余った肉汁にバルサミコ酢を加えて煮詰めてみてください。驚くなかれ、高級レストランのソースが仕上がります**。家で作る料理でも、ひとふりふたふりすることで別の世界にワープ。確実に本格イタリアン、フレンチ料理店の味を再現できますよ。

◉普及版バルサミコ酢をヴィンテージ化する裏ワザ

バルサミコ酢の高貴な香りは、実に膨大な手間と時間をかけて生み出されます。原料はブドウのみ。モデナ特産の甘みの強いトレッビアーノ種を主に用いて、まず搾って果汁にし、布でこし、これを半分の量にまで煮詰め、樫、栗、桑の樽に移して熟成を待ちます。冬には極寒、夏には猛暑というモデナの厳しい気候の中で、毎年違う樽材に移し替えて香りに深みをつけていきます。熟成期間は一般的に3～7年。長いものでは200年というものもあります。

バルサミコ酢の中でも伝統製法で作られたものだけが名乗れる称号が〝バルサミコ・トラディツィオナーレ〟です。これは厳しい法規制に沿って最低12年以上熟成し、最終的に協会認定員のOKが出たものだけに与えられるもの。さらに上の称号に〝エクストラ・ヴェッキオ〟もあります。こちらは熟成期間25年以上というヴィンテージものです。

確かにおいしくはありますが、これほど高価なバルサミコ酢は、高級レストランなどプロ使用が普通で、一般の人にはなかなか買えるものではありません。しかし、スーパーで売っている普通のバルサミコ酢を、高級バルサミコ酢に変身させる方法があります。

まず、スーパーで普通のバルサミコ酢を買ってきたら、鍋に移し、分量が半分になる程度まで弱火で煮詰めてください。その後、自然に任せて冷やします。ただ、それだけ。煮詰めたことで酸味がまろやかになるうえにコクとトロミが出て、高級バルサミコ酢〝トラディツィオナーレ〟に近い味わいになります。

知られざる
ひとふりのチカラ

！バニラアイス＋バルサミコ酢

バニラアイスは品のいい甘さがおいしさの要。もちろんそのまま食べてもおいしいですが、実はバルサミコ酢をバニラの表面にひと廻しふりかけると、バニラの甘さが驚くほど引き立ってきます。これは、バルサミコ酢の酸味が、バニラの甘さを、極限まで引き出してくれる作用があるため。バニラアイスと酢の組み合わせというと、ミスマッチな感じがするかもしれませんが、フルーティでオススメです。煮詰めたバルサミコ酢を使うとさらにおいしさがアップします。

バルサミコ酢は、本来は薬用としても重宝されていました。17世紀のヨーロッパではうがい薬、強壮剤、養毛剤として用いられ、ペストが流行った時代には予防や治療の効果があるとして大いにもてはやされました。

さらに、バルサミコ酢は17世紀のヨーロッパでは、強壮剤、媚薬としても人気を集めていたと文献にあります。そこでオススメのレシピをひとつ。といっても簡単。バニラアイスに煮詰めたバルサミコ酢をとろ～りとかけるだけ。バニラの甘みが驚くほど上質化しますよ。独身男性の人は、彼女が家に遊びに来たときには、ぜひ、お試しあれ。

花椒《ホワジャオ》のチカラ

高級中華料理店には必ず置いてあるピリリ系調味料

本場、四川の麻婆豆腐の味付けに欠かせないのがこの花椒です。

国内では一般的に麻婆豆腐の辛みは豆板醤で出していますが、これは、戦後、陳建民さんが麻婆豆腐を日本に伝える際、花椒の代わりに胡椒を使うなどして、日本人向けにアレンジしたため。ホンモノの麻婆豆腐は、花椒のピリリとした刺激が必ずセットになっています。日本のレトルトの麻婆豆腐にさっとひとふり花椒の粉をふりかけてみてください。すると舌がピリッと痺れる、本格的な四川の麻婆豆腐が出来上がり。花椒の実力、本当の麻婆豆腐の両方を同時に体感できるのでぜひ試してみてください。

さて、本場ではエビチリソースをはじめ、さまざまな料理に花椒が使われています。中華料理のコックの間でも花椒を使いこなしてはじめて一人前と認められるといいます。日本では高級中華料理店でしか花椒を使った料理を味わうことができませんが、花椒は中華料理の代表的な調味料であり香辛料なのです。

そんな花椒の正体は、中国山椒の身を乾燥させたもの。粒のまま、あるいは挽いたものが売られています。最近では塩を混ぜた花椒塩も見かけます。粒が熟したときに花のように見えることから〝花〟椒と呼ばれるようになりました。

味としては、舌がヒリヒリするような刺激がとにかく印象的ですが、もうひとつ、みずみずしい香りもポイント。中国山椒はもともとミカン科の木から採れるため、柑橘系の爽やかな香りも特徴です。

ところで花椒には、刺激や辛みを加え、香りを高くするといった以外にも多くのチカラを持っています。

まずは**臭み消し**。クセのある肉や魚を炒めたり煮込んだりするときに花椒を入れると、なんともあっさりとさせてくれます。それともうひとつが脂の多い料理対策として。揚げ物や天ぷら、肉団子などは、そのまま食べてもおいしいですが、油が多くてときには途中で胃がもたれてしまうもの。しかし、花椒を少しふりかけたりつけたりして食べれば、口の中を刺激と清涼感で満たしてくれるので、いつもより多めに食べることが可能です。

◉体調不良も吹き飛ばす健康香辛料

漢方でも花椒は健胃整腸、鎮痛剤として使われているように、さまざまな薬効があります。脂肪燃焼力を高める効果がありますのでダイエットにも最適ですし、さらに精神安定、消炎鎮痛、血圧を下げ、消化を助けるなどの各種効果が期待されています。

私は香港の火鍋が好きで、お店にも食べに行きますし、自分でも時々作ります。スープに花椒を粒のままたくさん入れて作るのですが、これがぐずぐずする体調不良を吹き飛ばしてくれるんです。食べた後は、頭のてっぺんからも汗が流れてきて、まるで岩盤浴に行ったかのような状態。さらに汗を出したのがよかったのか、翌日お肌が綺麗になって艶が違います。

また、虫歯で痛いときは、花椒の粒を痛く感じる部分の歯で軽く噛んでみましょう。患部が花椒の刺激で痺れ、一時的に痛みを止めます。昔からどのご家庭の薬箱にも入っていた今治水という薬と同じように使えるというわけです。

知られざる
ひとふりの
チカラ

！天ぷら＋花椒塩

エビ天を食べるときに、花椒塩で食べてみてください。スーパーや総菜店で買ったエビ天が高級天ぷら店の味に変わります。食べた後、舌がピリッとして揚げ物の油っぽさを感じなくしてくれます。ちなみに、天ぷらなど揚げ物をするとき、油の温度が上がり大きな泡が出ますが、花椒を数粒入れると油の泡がたちまち消えます。

！ジャコやシラス＋花椒

ジャコやシラスにひとふりしてご飯にかけて食べると、夏の食欲のない時期でも食が進みます。私はさらにゴマ油もひとふりして食べます。痺れる感覚がクセになるので、納豆や卵料理、塩辛などにもかけて食べたりしています。

！シシトウ炒め＋花椒塩

シシトウをゴマ油で炒めて、花椒塩をふりかけて味付けをします。すると、シシトウの辛みと花椒の香りがうまくマッチ。ビールが進むおつまみが出来上がります。

メープルシロップのチカラ

朝食の食材との相性バツグン 意外に焼酎にも合う

特に女性から熱烈に支持されるメープルシロップ。サトウカエデから採れる樹液を集めて40倍に煮詰めたもので、自然の力を強く感じさせる甘みが特徴です。1本のサトウカエデ（メープル）から生涯で採れるシロップはたったの150リットル前後とか。希少な存在であるがゆえ、お値段がちょっぴり張るのもわかる気がします。なお、カナダのメープルシロップはグレードで分けられており、№1のエキストラ・ライトがいちばん上等です。一般的に色が薄いほど上質とされています。

通常はパンケーキにかけたり、ヨーグルトに加えたりするのが一般的ですが、砂糖の代わりに何にでも使えます。私もバニラの香りをほのかに感じる上品な甘みが旨みをアップさせてくれるので重宝して使っています。

私のお気に入りは、フレンチトーストとの組み合わせ。作るときに、卵に少しメープルシロップを入れてパンにしみ込ませ、さらにバターで焼いた後にもたっぷりふりかけて食べると、朝から幸せな気分に浸れます。

また、コラムでも触れますが、定番のカリカリに焼いたベーコンとスクランブルエッグにほんの少しふりかけても美味。

こうして書いてみてあらためて思うのは、メープルシロップは〝朝〟が似合う調味料だということです。卵、パン、ベーコン、牛乳など、相性のいい素材はすべて洋食の朝食に使われるもの。普通は塩をかけるものでも、メープルシロップなら不思議と合ってしまいます。砂糖の甘みとは異なった香気高い甘みだからでしょうか。辛党の人も一度食べてみると、デザート用シロップではなく、朝食調味料だということが実感できると思います。

また、朝食でメープルシロップを使うと、朝から優雅な気分を味わえ、一日を爽快な気分で過ごせる気がします。ほのかな香りと甘さがホッとした気分にさせてくれるのでしょうか。知人のアロマテラピー専門家に聞いたら、メープルシロップの香りにはアロマ効果のある可能性が高いとのことで、妙に納得した覚えがあります。実際、メープルシロップに含まれるカルシウムには精神を安定させ、ストレスを解消させる働きもあるといわれています。

朝食を食べる時間がないという人は、コーヒーや紅茶を飲むとき、砂糖の代わりに入れてみてください。特に忙しいビジネスマンにこそ実践してもらいたい使い方。気分よく仕事を進められることうけあいです。

◉シャンパンと絶妙にマッチ

メープルシロップはもちろん朝食限定のものではありません。アーモンドやカシューナッツなどの**ナッツ類にふりかけて食べるとデザート感覚**で食べられ、お酒のつまみとしてもいけます。

私は、お酒にもメープルシロップを少し入れることがあります。お酒＋甘みというと不思議に思うかもしれませんが、たとえば焼酎に小さじ半分程度を加えてソーダで割るとチューハイとは段違いのおいしさ。

また、辛口のシャンパンとのマッチングは私の大好物のひとつ。食前酒やデザートワインとして楽しめるので、男性女性問わず試していただきたい価値ある組み合わせです。

知られざる
ひとふりの
チカラ

！ベーコン＆スクランブルエッグ＋メープルシロップ

カリカリに焼いたベーコンとスクランブルエッグにほんの少しふりかけます。ベーコンの塩分がやわらぎ、ほのかな甘みと脂身が混ざり合って食欲をそそります。

！コーヒー（紅茶）＋メープルシロップ

普段、コーヒーや紅茶を飲むときも、砂糖の代わりにメープルシロップを入れてみましょう。バニラに似た風味と味が加味されてリラックス。いつもとちょっと違ったひとときを楽しめると思います。

！チョリソ＋メープルシロップ

メープルシロップの甘みによって、チョリソの辛みがより強調。辛いなかにもほのかな甘みが浮き出て、お酒のつまみとしてオススメです。女の子ウケのいい組み合わせですよ。

柚子《ゆず》胡椒のチカラ

どんな料理にも合う新"和テイスト"調味料

柚子胡椒と聞いて、どんなものかすぐに思い浮かぶ人はグルメか、もしくは料理愛好家だと思います。もともと九州・大分地方で古くから作られていた調味料（香辛料）ですが、ここ最近になって一気に全国区の調味料となりました。近頃では鍋料理の薬味として料亭で使われることも増えており、ちょっとした高級感を演出する調味料としても支持されているようです。

まだご存じない方のために説明すると、柚子の皮と青い唐辛子をそれぞれすり潰したものを混ぜ合わせて塩を加え、ペースト状にしたものが柚子胡椒。やはり最近出回りはじめた粉末の「柚子七味」と間違われやすいですが、まったく違うものなのです。

味は、柚子の柑橘系の酸味と青唐辛子の辛みが絶妙にからんで、香り高いのが特徴。耳かき1杯ほど舐めただけでもピリリとした刺激がありますが、フレッシュな酸味が作用して嫌味のない辛さにおさまっています。

「唐辛子が入っているのになぜ胡椒？」と思われるでしょうが、これは九州の一部の地域では唐辛子を胡椒と呼んでいた名残から。九州の一部では薬味として、または魚の匂い消しとして欠かせないものでしたが、手軽に使えるチューブ製が販売されたのをきっかけに、またたく間に料理店や家庭に広まりました。私は、今世紀になって一般化した点や新しい和テイストを切り拓いたという点で、柚子胡椒こそ次の日本を代表する調味料だと思っています。

かくいう私は、マヨラーならぬ〝ユズラー〟を自称するほど柚子胡椒の大ファン。ラーメン、焼き鳥、ピザなど何にでも入れますし、合わない料理はないと思っているほど重宝しています。どんな料理もさっぱりさせてくれるし、程よい刺激と高い香りは使うたびに感心します。

そうそう、結構いけるのが、**柚子胡椒を使った料理と日本酒の組み合わせ**。極端な話ですが、柚子胡椒を舐めるだけでもすいすい飲めてしまうんですよ。日本酒党は要チェックです。

◉若い香りが夏の料理にマッチ！

私にとって万能調味料である柚子胡椒ですが、**とりわけ相性がいいと思うのが夏の料理**です。ちょっと食欲がないときでも料理に柚子胡椒を加えれば、ツーンと小気味のいい香りで食欲が増進し、もりもり食べられます。

冷たいそうめんやうどん、そばなどの薬味として使ってもおいしいですし、私は冷製パスタの味付けによく使っています。レシピは簡単で、冷製パスタ用のカッペリーニ（髪の毛という意味）を3分程度ゆでて、柚子胡椒とオリーブオイルとプチトマトを混ぜ合わせるだけ。シソやバジルを散らすと彩りも綺麗に仕上がり、暑い夏に急なお客さんが来たときなどはうってつけのメニューです。

また、柚子胡椒は他の調味料との相性がよく、特にマヨネーズ、ポン酢と組み合わせると、和洋中問わず、サラダから炒め物まで何にでもマッチします。

絶賛の嵐になってしまいましたが、何はともかく一度買って、コラムで紹介する組み合わせ例を食べてみてください。きっとあなたもユズラーの仲間入りをするはずです。

知られざる ひとふりの チカラ

！アボカド＋柚子胡椒

アボカド１個につき小さじ１杯をからめます。森のバターと呼ばれるアボカドのマイルドさと、柚子胡椒の辛み＆塩分がうまく調和。アボカドの旨みも引き立ち、得も言われぬおいしさです。

！ソーセージ＋柚子胡椒

柚子胡椒の痺れるような辛さがソーセージの油っぽさを和らげ、食べやすくなります。マスタードと双璧をなす組み合わせです。

！プチトマト＋オリーブオイル＋柚子胡椒

プチトマトを半分または¼にカットします。これに柚子胡椒をオリーブオイルで溶いたものをからませます。ワインを飲むときの前菜やおつまみとして最適です。量は好みですが、オリーブオイル大さじ１に対して私は柚子胡椒を小さじ⅓杯程度入れています。好みで。

ワインビネガーのチカラ

日本の米酢より酸味が強い ブドウから作られた 西洋の定番酢

ワインビネガーとは、端的にいうとイタリアのお酢。向こうではアチェート・ディ・ヴィーノ（Aceto di vino）と呼び、ブドウから作られます。さっぱりした白ワインビネガーと、コクがあって少しクセの強い赤ワインビネガーがあり、日本で使われる米酢より少し尖った酸味があります。製法も途中までワインとほぼ同じです。余談になりますが、以前、イタリアで、ワインの王様と呼ばれるバローロの私の誕生年のワインを見つけ、喜び勇んで買って帰ったことがありました。いつかとっておきのときに！　と思い、いざ大事なパーティで栓を抜いたのです。ところが……、残念ながらお酢になっていました。悲しい思い出ですが、実際、ビネガーという英語は、「酸っぱくなったブドウ酒」が語源だそうです。

ビネガーの歴史は古く、紀元前約５０００年。古代バビロニア人が、ワインにたまたま酢酸菌を混ぜてしまって発酵し、それから使うようになったという記録が残っています。当時、ワインビネガーはきわめて希少品だったため、薬として使われていたそうです。

さて、ワインビネガーが使われることが多いのは、ドレッシングやマリネなど。ハンバーガーなどに入っているピクルスも、キュウリを他の調味料と一緒にワインビネガーに漬けて発酵したものです。また、赤ワインビネガーはよく肉料理のソースにも使われています。イタリア料理の煮込み料理にもよくワインビネガーが使われています。

日本の一般的な米酢との大きな違いは、酸度が高く酸っぱさが強い点です。特に白のワインビネガーは米酢以上の酸味が感じられます。ただし、米酢より甘さやフルーティな香りがあるのが特徴で、酢が苦手な人でも食べやすいと思います。ワインビネガーの味をいちばん把握しやすいのは、手巻き寿司の酢飯。米酢の代わりにワインビネガーを使うとフルーティでちょっとオシャレな味になります。

ワインビネガーには、酸味をつけるだけでなく、コクを出したり、塩味や甘みを強調したり、やわらげたりといった働きもあります。コラムでも取り上げていますが、厚焼き卵に醤油代わりにワインビネガーをかけると、もともとの淡泊な味が濃縮されて味を一層高めることができます。

素材の持っている本来の旨みをより濃く引き出せる点も魅力です。特に、肉を使ったおつまみとのマッチングもよく、たとえば、ワインビネガーをほんのひとふりするだけで、肉のくどさが消えてサッパリとした味わいにすることができます。また、餃子を食べるときも普通の米酢を赤ワインビネガーに変えるだけで酸味がより強くなってあっさり食べられるほか、赤ワインビネガー独特の渋みがお肉の味をより引き立たせワンランク上の味に変えてしまいます。

◉シミや老化の予防効果も！

女性は、化粧や日焼け止めでお肌をガードしている人が多いですが、男性はそんなことを気にせず、野放し状態にしていることがほとんど。実際、肌のトラブルに悩んでいる人は意外に多いと聞きます。

ワインビネガーをはじめとした酢にはシミ予防、老化予防の効果が期待されるので、積極的に摂ることをオススメします。

知られざる
ひとふりのチカラ

！豚の角煮＋赤ワインビネガー

コラーゲンが豊富に含まれている豚の角煮にほんのひとふりするだけであっさり食べることができます。食べたいけど脂身が苦手で食べられないという女性に、特にオススメ。

！生牡蠣＋白ワインビネガー

生牡蠣には普通レモン汁をふりかけますが、白ワインビネガーをほんのひとふりするだけで、殺菌効果があるうえ、生臭みも消してくれます。また、ほのかなブドウの香りが食欲をアップさせます。イタリアンやフレンチのお店なら白ワインビネガーを置いてあるところが多いので、試しやすいと思います。デートのときなどにぜひ。

！厚焼き卵＋白ワインビネガー

醤油代わりに使うと、白ワインビネガーのフルーティな酸味が、卵焼きの甘みやだしの香りと風味をより引き立たせます。塩分控えめで食べられるのもポイント。

ヴィンコットのチカラ

羊、鴨肉、レバーなどクセの強い臭いを一瞬で消す驚きのチカラ

日本ではあまり知られていないヴィンコット。特に男性の方にはどんなものかさっぱり検討がつかないという人がほとんどではないでしょうか?

ヴィンコットがよく使われるのはドルチェ＝デザートです。よく生クリームの上にとろりとした濃いブドウ色の甘いソースが線状に彩りを加えられていますよね。あれがヴィンコット。そのほか、ヨーグルトにもよくかけて食べられています。

ヴィンコットとは、貴腐ブドウの煮汁を煮詰めて濃縮した100%天然シロップ。まだ砂糖がないローマ時代から甘みをつけるために使われていました。今でも日本で買うと1本2000円以上と高価なものですが、当時も大変貴重で、祭事などに限って使われていたといいます。それにしてもイタリアの調味料にはワインビネガー、バルサミコ酢、そしてこのヴィンコットと、ブドウが原料のものばかり。日本

人の私たちから想像つきませんが、それほどブドウの木が育ちやすい土壌なのでしょう。

ひとつの果物でよくこれだけおいしいものを編み出したものだと本当に感心します。ブドウは、まさに大地の恵みの食材なのでしょう。

調味料としてのヴィンコットは、先にもお話したとおりデザートに多く使われるほか、ジャムとして、またはフルーツを食べるときなどに使われています。ヴィンコットの高貴な香りは、**少しふりかけるだけでも市販のデザートを高級デザートの味に変貌**させてしまいます。濃厚で凝縮された風味という点ではバルサミコ酢と似ている部分もありますが、ヴィンコットはより酸味が少なくブドウの風味が濃縮されていて、奥深い甘さを感じさせてくれます。

イタリアやフランスでは、魚や肉料理のソースの隠し味としても大活躍しています。といいますのも、ヴィンコットの大きな特徴のひとつに、**臭み消し効果**があります。芳醇で自然な甘みが生臭さを包んでくれるのでしょうか。その威力は強力消臭調味料と呼んでもいいほど。実際、羊や鴨肉を食べるときのソースとして欠かせません。さらに、肉をやわらかくしてくれるので肉の煮物にも多用されています。

知られざる ひとふりのチカラ

！レバニラ炒め＋ヴィンコット

レバーの臭みが苦手な人でも、ヴィンコットを少し加えると、レバーの臭みを魔法のように消してくれます。きっと食べられるようになりますよ。

！ビーフシチュー＋ヴィンコット

レトルトのビーフシチュー１人分に小さじ½〜１杯のヴィンコットを加えると、ブドウの甘みと風味が味を引き立て、一晩煮込んだようなシチューに。

◉濃縮ポリフェノールとして摂取！

赤ブドウには、体内の酸化を抑制する抗酸化成分＝ポリフェノールが非常に多く含まれています。

ヴィンコットは、ブドウを煮詰めてギュッと凝縮しているため、より多くの有効成分を一度に体内に取り入れることが可能です。

ポリフェノールは細胞の酸化を防ぐ作用があるといわれています。

特に体が疲れたときは、ポリフェノールには即効性があるため、ヴィンコットを使ったデザートを摂るといいでしょう。

和食調味料を入れる順番の大切さ

和食（さ・し・す・せ・そ）調味料 篇

砂糖

さしすせそ

なぜ、和食では砂糖を最初に入れるのか？

子供の頃、その口に広がる甘い香りが恋しくて、夢にまで見た砂糖。大人になった今でも、時折、無性にいとおしくなる瞬間があるのではないでしょうか。

聞いたことがある方も多いでしょうが、お料理では「さ（砂糖）・し（塩）・す（酢）・せ（醬油）・そ（味噌）」の順番で加えていくのが鉄則。そのトップバッターが「砂糖」です。

ところで、なぜ砂糖が最初なのでしょうか？

答えは、**砂糖は味がしみこむのに時間がかかる**こと。そして、**塩の前に入れなくてはいけない**からです。塩には次の項目で詳しく述べますが、強い脱水性があり、素材の味を閉じこめるチカラがあるため、時間のかかる砂糖を塩の後に入れてしまうと、塩が砂糖の味の浸透をじゃましてしまうからです。最初に砂糖を入れずに煮物を作ってみるとわかるのですが、いつもより多量に塩を入れないと味がしません。砂糖を先に加えることによって、塩の過剰な摂りすぎも避けられるというわけです。

もうひとつ、砂糖の大きな特徴は、**保水性を持っている**ということです。調理の最後に、もう一度砂糖を加えると、**旨みなどの水分をコーティングして、素材の中に閉じこめてくれます**。和食の煮物を食べると中から味がジュワッとしみ出てくるのは、まさに保水性のチカラによるものなのです。

また、砂糖を入れると卵白の泡立ちがよくなるのは、砂糖が水の分子を引き寄せ、気泡をしっかりと安定させてくれるからです。これも、砂糖が持つ保水性の効果なのです。

そのほかにも砂糖は、**色艶や火の通りをよくする性質**がありますし、糖を加熱してできるメラノイジンには抗酸化性があり、**素材の保存性を高める効果**もあります。

砂糖は甘みをつけるだけのものでもなく、味覚や調理のさまざまなところで活躍するバイプレーヤーなのです。

余談になりますが、「さしすせそ」の順番は和食だけのようです。これまで私も海外の料理もいろいろ研究してきましたが聞いたことはありません。これも日本が歴史の中で培ってきたひとつの文化だと思っています。ちなみに、私が和食を作る場合は、「さしすせそさ」。最初に砂糖を入れて、そして塩、酢、醬油、味噌と続けてから最後に適量の砂糖で味付けをします。こうすることにより、料理のコク、旨みが全然違ってきます。

ひとつ注意したいのは砂糖の脱臭効果。肉や魚を砂糖で締めると、匂いを吸い取ってくれるのですが、砂糖は周りのものの匂いを吸い取りすぎてしまう性質があります。たとえば砂糖の近くにニンニクなどを置いてあると、ニンニク風味の砂糖になってしまうほど匂いがしみついてしまいます。そうした嫌な香りがつかないためにも砂糖は密封して保存しておきましょう。

◉砂糖は脳の唯一のエネルゲン

砂糖は、人間にとって最も重要な栄養素のひとつです。というのも〝砂糖〟は脳の唯一の栄養源。数ある成分の中でも、脳は、砂糖が体内で分解されてできる〝ブドウ糖〟しか受け付けないのです。たとえば深夜残業や長時間運転で神経をすり減らしたときに、缶コーヒーやジュースなどの甘い飲み物が欲しくなるのは、実は脳

知られざる ひとふりのチカラ

！トマト＋シナモン＋砂糖

トマトを輪切りにして、砂糖を上から薄く表面が隠れるぐらいふりかけます。シナモンはほんの少々。トマトの酸味が消えて、フルーティな野菜デザートに変化。トマトの自然な甘みを感じられるうえ、ジューシーな香りが広がります。

！キュウリの浅漬け＋ラム酒＋砂糖

ラム酒を軽くふりかけ、その上から砂糖を少量パラパラとまぶします。こちらはハードリカーやカクテルが合いそうな大人のつまみ。

が栄養を求めて悲鳴を上げているからなのです。

　ブドウ糖が欠乏すると「イライラする」「意識がもうろうとする」「眠りが浅くなる」などの症状があらわれます。さらに、脳にエネルギーが送られない状況に追い込まれると、なんとニューロン（脳細胞）が死滅するとまでいわれています。そんな恐ろしい事態を避けるには少なくとも一日に2度以上食事を摂ることが大事。もっとも、砂糖はカンフル剤のように即効性があり、摂取してから2〜3分でブドウ糖に変化。ちょっと脳みそが働かないなと思ったときは、コーヒーや紅茶を飲むときに数グラムの砂糖を入れてみましょう。とたんに脳がシャキッとしますよ。

一方で、砂糖はダイエットの敵と思われています。しかし、実際は油が1グラム約9カロリーなのに対して砂糖は約4カロリー。少なくとも油を使った料理よりは健康的です。もちろん摂りすぎはよくありませんが、砂糖を敵視する必要はありません。

◉常に歴史のなかで偉人に愛されてきた砂糖

砂糖が歴史上に出現したのは、今からおよそ2400年前、ニューギニアで原料のひとつであるサトウキビが生まれました。そして紀元前325年、古代マケドニア王国のアレキサンダー大王が西インドに遠征したときにサトウキビを発見してから、砂糖は世界史の主舞台へとのぼりつめます。

ヨーロッパに伝えられた砂糖に興味を持った人間にノストラダムスがいます。実は彼も砂糖の研究家のひとりでした。自ら出版した『諸世紀』の中でもジャムと砂糖漬けの製法を載せており、宮殿で行われるレセプションでお披露目もしていたとか。数々の預言を編み出す合間に、甘い未来を夢見ていたのでしょうか。その後サトウキビは、マルコ・ポーロやコロンブスなどによって、世界中に広められました。日本へは奈良時代に鑑真がもたらします。宝物として正倉院に収められ、薬として珍重されたと伝えられています。

近世のヨーロッパでは植民地を持たなかったプロシア（現在のドイツに位置）が早くから砂糖に注目。１７４７年、甜菜《てんさい》から糖分の分離に成功します。その砂糖を軍事的に利用しようとしたのがナポレオンⅠ世。植物でさえ兵器になりうるということを意識し、甜菜糖産業を育成。つまり砂糖を作って兵士の栄養を担おうとしたのです。ナポレオンはプロシアから、甜菜の苗を得て、大陸自給を目的に栽培。製糖にも成功し、世界中に広めることになりました。

日本に本格的に砂糖が入ってきたのは、江戸時代。それまで外国からの輸入に頼っていましたが、将軍徳川吉宗がサトウキビの栽培を奨励し、日本国内でも大いに発展しました。

こうしてみていくと、多くの歴史上の著名人が砂糖に魅せられたことがわかります。偉人たちは脳を酷使するもの。おのずと脳に効くものに執着したのでしょうか。ぜひ私たちも見習って砂糖を（適度に）摂りたいものです。

さしすせそ 塩

塩は絶対にまとめて入れない 少しずつ加えること そして薄味で止める

塩は調味料である以前に、人間が生きていくうえで不可欠な存在です。人体には0・7％の塩が含まれており、体液すべてに塩や主成分のナトリウムが含まれています。しかも、毎日体外に排出するため、必ず補充しなければなりません。生命を維持するためには一日に最低でも塩1グラムを摂る必要があり、そうした意味では「水」や「空気」と同じぐらい価値の高い食材です。

人類が誕生した頃は、当時食用にしていた動物から塩分を摂っていましたが、その後、海水や岩塩などから摂ったり作ったりするようになりました。ローマ時代にはすでに塩の専売が開始されたという記録が残っています。ちなみにサラリーマンの〝サラリー〟という言葉の語源は塩。当時のローマでは、役人や兵士に給料として塩（sale）が支給されており、これが後に英語のサラリー（給料）となったといわれています。

ほかにも歴史上では西洋・東洋問わず時の権力者が塩の販売を管理し、財をなしてきました。フランスのルイ王朝が繁栄したのも塩の権利を握っていたことが一因。マリー・アントワネットがあれだけ贅沢な生活を送ることができたのも、実は塩のおかげでもあったというわけです。日本でも1905年に専売制度がはじまり1997年まで続けられていました。

今では日本でもいろいろな塩が買えるようになってきました。大きく分けると、主に海水を使って作られる海塩と、山で採れた岩塩の2種類があります。日本で作られる塩は基本的に海塩です。

ところで料理にこだわる人は、海産物には海塩、肉やキノコなど山の食材には岩塩と使い分けています。これは採れた場所に応じて組み合わせるのがいちばんという理由。実際に私も試してみましたが、魚類は岩塩で食べるよりは、海の塩を使うと磯の香りが広がるようで、おいしく感じました。やはり生育していた場所から採れる塩のほうが合うと実感したものです。

代表的な塩を説明してみましょう。

●精製塩……一般的に使われている塩。海水を蒸発させ、精製させた最も純度の高い塩。食塩、食卓塩、クッキングソルトもこの種類。粒が細かくサラサラ状。

●天日塩……海水を塩田で太陽（天日）によって乾燥させた塩。日本では天候の都合から温室で作られることが多い。海外の海塩は天日塩が多い。

●平釜塩……海水を釜で煮詰めて作る塩。サラサラなものやツブツブのものなどバリエーション多彩。

そのほか、海の藻を焼いて作った藻塩、塩分の強い湖で採れる湖塩があります。

◉塩の使い方を極める

料理がうまい人ほど塩を効果的に使っているもの。ただ単に加えるだけではダメ。塩には場面に合わせた使い方があります。シンプルな調味料だけに、使い方のコツを覚えることで料理の味がグッと引き締まります。

まずは塩を入れるタイミング。レシピを見ると塩の分量が書かれていますが、最初にその分量を一気に入れてしまう人を時々見受けます。しかし、その季節や素材によって塩加減は微妙に異なるので、**少しずつ加えるのが正しい方法**です。また、

知られざる
ひとふりのチカラ

！ローズマリー＋塩

マッシュポテトやフライドポテトに軽くまぶして食べるとクセになるおいしさです。また、ローズマリーは若返りのハーブといわれています。

！ラー油＋酢＋塩

餃子を食べるときに醤油の代わりに塩で食べると新鮮な味覚。酢やラー油の絶妙なマッチングでおいしくいただけます。特に夏に餃子を食べるときにオススメ。

少しずつ塩を足すにしても、**少し薄味かな、と思うぐらいで止めておきます**。途中で味が足りないからといって塩を追加すると、出来上がる頃には塩辛くて食べられないことがあります。というのも、塩は煮詰まっていくもの。料理をおいしく仕上げる秘訣は、**味見をしながら少量ずつ塩を加え、完成する直前に足りない塩分を足すのがポイント**。つまり、最後のひとふりで味が決まるのです。

また、塩にはサラサラのものとツブツブのものがあります。もし両方を持っている場合は、**ツブツブタイプは主に料理の下味に使い**ましょう。結晶がうまく溶けて、程よく塩分が行き渡ります。一方、

サラサラタイプは料理の仕上げに。これは粒が均等なのでまんべんなくふりかけられるため。

もうひとつの注意点としては、塩は同じ量でも料理の温度によって味の感じ方が違うということがあります。**塩は高い温度だと塩気を少なく感じますが、温度が低くなるにつれて塩気を強く感じる性質**を持っています。

そのほか、季節によっても塩味の感じ方は変わります。たとえば、夏は汗で体内の塩分が出てしまいますから、少し多めに加えると人はよりおいしく感じます。これは体や脳が、足りない塩分を補給しようとするためです。

ところで、塩は体にとって非常に重要な成分ですが、摂りすぎると高血圧を誘発するなど健康に害を及ぼすこともあります。そこで覚えておきたいのが、減塩の裏ワザ。**塩は、酢やレモンなどの酸味を加えると、より塩分を強く感じさせる特性**を持っています。塩分の摂りすぎが気になる人は、ぜひ応用してみてください。

◉塩に秘められたチカラ

塩は、料理に塩味をつける以外にもさまざまなチカラを持っています。

まずは**脱水効果**。砂糖にも同様の効果がありますが、塩のほうがより強力。浸透圧の作用が余分な水分を抜いて、素材の旨みを閉じこめたうえ、調味料の味をしみ込みやすくしてくれます。たとえば魚のマリネなどは典型的な例。あらかじめ魚に塩を塗っておくと臭みを消し、余分な水分を脱水。さらに酢の香りが全体にしみこんでやわらかく出来上がります。また、塩は、**沸点を上げる働き**や、氷にふりかけると、氷を溶かすときに必要な融解熱を周りから取り込むので、**約氷点下20度まで下げる働き**があります。

それ以外にも塩には、スイカに塩をふるとより**甘みを感じる対比効果**をはじめ、魚の**ぬめり取り**、素材の**長期保存**、**色落ち防止作用**（変色を防ぐ、元の色を保つ）、小麦粉をこねるときに**粘りを出す**、など数えきれない効果があります。

こうして考えてみると、つくづく私たちは塩の恩恵で日々元気に生きていけるのだなと感じます。そういえば地球上にはじめて生物が誕生したのも海。私たちの祖先は海水の中で生きていたのです。だからこそ今でも塩と深い縁があるのでしょうか。

偉大なる塩にあらためて感謝！

さしすせそ

酢

酢は香りが命
だから料理のはじめには
使わない

料理をしない人にとって〝酢〟は、お寿司やマリネを食べるときぐらいしかなじみがないかもしれません。特に男性には酢のツーンという香りが苦手という人が多いようです。

さて、酢は大きく分けて米酢と果実酢の２種類があります。アジアでは日本も含めて米酢が主流ですが、一方、西欧では果実酒が一般的です。なぜ地域によって違うのでしょうか?

実は、酢は、その地域でよく飲まれているお酒と同じ素材のものが一般的に使われます。たとえば日本酒は米から作られており、やはり米から作られる米酢。それに対して、フランスやイタリアではワインがよく飲まれており、酢もブドウを原料にしたワインビネガーが料理に活躍しています。ちなみに、ビールの本場ドイツやイギリスでは麦芽汁から作るモルトビネガー、アメリカではシードルビネガー（リンゴ酢）が人気。このように各地のお酒と酢は非常に密接な関係にあるのです。

その理由はごく単純。お酒などアルコールを含んだものは、放置しておくと菌が増殖して発酵し、酢に変化してしまいます。こうして各地で酢が何かの拍子で発見され、料理にも広く使われるようになったのです。

酢の歴史は古く、紀元前５０００年頃の古代バビロニアで酢が造られていたという記録が残っており、世界最古の調味料といわれています。酢が日本の文献に登場するのは4～5世紀頃で中国から製法が伝わってきました。庶民に酢が広まったのは江戸時代。酢を使った料理が作られはじめ、そのうち寿司ブームで定着しました。以来、和食に欠かせない調味料として今に至っています。

◉塩梅、という言葉の語源は酢？

酢のいちばんの特徴は、言うまでもありませんが、その酸味。米酢はワインビネガーに比べると酸味が弱い一方で、やわらかい風味が持ち味です。料理にアクセントを加え、フレッシュな香りで唾液や胃酸の分泌を促し、食欲を増進する効果があります。さらに、**酢の酸味は肉料理や炒め物など油を使った料理の味をまろやかに調えてくれ、また油のべたつきを抑える**ため、こってりした料理もあっさり食べられるようになります。

酢で忘れてはならないのが減塩効果です。塩のところでも少々触れましたが、塩は酸味を加えると、より塩辛く感じるので、料理に使う場合も量を控えめにすることができます。ちなみに、〝塩梅《あんばい》〟という言葉がありますが、これは酢の減塩効果をあらわしたもの。中国からきた言葉ですが、〝梅〟は梅酢のことを指しており、つまり塩加減を適量の酢で調整するのがちょうどいい、という意味です。

料理で酢を用いる際の注意点としては、**料理のはじめの段階では使わない**こと。酢を加えるのは調理の中盤以降がベストです。なぜなら酢は香りが命。早い段階で加えてしまうと温度で酸味と香りが飛んで、味がぼけてしまいます。調味料の基本である「さしすせそ」の順番で、真ん中に位置しているのも上記の理由からなのです。また、これは注意点というより特性ですが、**酢は火を加えると甘く**なります。ただし、いちばん甘く感じるのは40度前後。それよりも温度が高くても低くても甘みは弱くなります。料理の際の参考に覚えておきたいものです。

知られざる
ひとふりのチカラ

！ノリのつくだ煮＋酢

ほんの少々の酢を加えるとしょっぱさが取れてマイルドなコクが出ます。ご飯にかけてもいいですし、卵焼きに添えて食べても。もちろん酸味も加わりますが、甘みも増します。

！煮物＋酢

和食の煮物やラタトゥーユに酢を少しかけると野菜の甘みや塩分が引き立ちます。また、煮物を食べきれなくて残してしまった場合でも、酢をひとふりして冷蔵庫へ入れておくと、酢の酸味がやわらぎ、味が濃くなります。酢は殺菌力も強く、より日持ちするのもポイント。

◉酸味以外にも酢の効用は盛りだくさん

酢の持ち味は酸味だけではありません。酢はほかにも多くの優れた性質を持っており、だからこそ料理に欠かせない存在になっています。順番に挙げていきます。

①素材をやわらかくする

酢には素材をやわらかくする効果があります。肉や魚はもちろん昆布を煮るときなどほんの少し（たとえば小さじ1～2杯）加えると、驚くほどやわらかくすることができます。余談ですが、酢を食べると体がやわらかくなる、とよくいわれていますが、あれは食材だけ。酢をたくさん摂っても人間の肉体はやわらかくなることはないといわれています。念のため。

②生臭みを消す

サバなどクセのある魚を煮るときに少し酢を加えると臭みを緩和してくれます。

③カルシウムの吸収を助ける

酢は、素材に含まれたカルシウムを体内に吸収しやすくする力があります。たとえば魚のカルシウムを体の骨に吸着しやすくするため骨粗鬆症の予防に効果があります。特に、小魚の煮物に酢を使うと、骨まで食べられ、オススメです。

④旨みをとじ込める

たとえば魚を酢じめにした場合、表面に塩をかけるとタンパク質が化学反応を起こして旨みをとじ込める効果があります。

⑤殺菌効果

お寿司に酢飯を使うのは殺菌作用が強いため。酢漬け、酢じめはもちろん、マヨネーズやドレッシングなどの賞味期限が長いのも酢のチカラです。

⑥アク抜き

ゴボウやレンコン、カリフラワーなどの野菜をゆでるときに少量加えるとアクが抜けやすくなります。また、漂白作用もあり、部屋の掃除でも大活躍します。

⑦色出し効果

生姜、ミョウガなどを酢に漬けると鮮やかなピンク色になります。

◉酢アレルギーの人にこそオススメしたい簡単レシピ

〝さしすせそ〟の基本調味料の中でも、最も健康に効果的なのが酢です。最近とりわけ注目されているのが**抗肥満化作用**。酢には、コレステロール値を低下させるアミノ酸が豊富に含まれており、メタボリック対策に最適です。また、血行を促し、動脈硬化を予防するともいわれています。そのほかにも、酢に含まれているクエン酸は疲労回復に効果があるので、疲れているときは多めに摂りたいものです。

最後に、酢アレルギーの多い男性にオススメの簡単レシピをひとつ。鍋に骨付きの鶏肉と酢をひたひたに入れてコトコト弱火で1時間程度煮込んでください。最後にお好みの調味料で味付けすれば出来上がり。酢の酸味が飛び、甘くコクのある煮込みの完成です。パセリを散らして、鶏肉のコラーゲンとパセリのビタミンCを一緒に摂れば、美肌効果も。

さしすせそ

醤油

醤油は必ず2回以上に分けて使うこと

それぞれの国には特有の匂いがあるといいます。主にその国の食べ物の匂いで、韓国ならキムチ、タイではナンプラー、そして日本は醤油の匂いがするというのが通説です。私も国内にいるときは気づきませんでしたが、1年ぶりにイタリアから戻ってきた冬の寒い日に、成田空港に降り立ったときのこと。ふいにプーンと香ばしい醤油の匂いを感じて驚きました。おそらく空気が冷たかったせいで、嗅覚が敏感になっていたのでしょう。そのとき、やはり日本は醤油の国なんだな、とあらためて実感したものです。

もっとも醤油はすでに日本だけの調味料ではなくなってきています。というのもヨーロッパでは年々、醤油の売り上げが増加。それも和食が広がっているだけじゃなく、自分の国の料理の隠し味に少量利用するという使い方が徐々に浸透しています。実際、私がイタリアにいたときに個人的にレッスンしてもらっていたレストランのシェフも、トスカーナ料理に得意気に醤油を数滴加えていたものでした。また、スーパーで売られている冷凍食品のラザニアやグラタンなどにも、原材料にサル・ディ・ソイア（醤油）と書かれていたのは本当に驚きました。まさに醤油は日本発の旨み調味料として活躍の場を世界に広げているのです。

醤油の原料は大豆と小麦。さらに「麴」、「もろみ」の工程を経て発酵・熟成。これを絞って加熱し、色、味、香りを調えて作られます。現在の醤油の形ができたのは室町時代まで遡ります。当初は堺や京都などが主な産地でここから全国に広がっていきました。当時は関西風の薄口醤油が主でしたが、江戸時代になって関東人好みの濃口醤油が作られるようになりました。次の項目で醤油の種類を大まかに分類しました。

◉醤油の種類

醤油の種類は大きく分けると3タイプあります。

①濃口醤油……いわゆるスーパーなどで買える一般的な醤油。色が濃く、黒褐色。

和食料理全般に使われる。

②薄口醬油……濃口醬油と原料は同じ。醸造期間はやや短め。色は琥珀色。味は薄く素材の味を生かしやすい。

③たまり醬油……原料のほとんどが大豆で、小麦を少量しか使わない。トロッと濃密な液体で、刺身を食べるときや香りづけなどでよく使われる。

こうして並べてみると薄口醬油がいちばん塩分の少なそうな醬油に思えますが、実際は最も塩分が高く、100グラム当たり16グラム。一方、濃口醬油は100グラムあたり14・5グラムと若干低めです。いちばん塩分が低いのはたまり醬油で、100グラム当たり13グラム。見た目で勘違いされやすいようです。

そのほかにも、高級な「再仕込み醬油」、ほぼ小麦で作られ白ワインのような色の「白醬油」、さらに「減塩醬油」があります。

◉あらゆる味覚が〝五位一体〟

醬油は塩味をつけるだけの調味料ではありません。私たち日本人がさまざまな料理に使い、それもおいしく食べられるのには大きく三つの理由があります。

知られざる
ひとふりのチカラ

！白ワイン＋刺身＋醤油

白ワインを飲みながらお刺身を食べることはよくあると思います。そんなとき、つけ醤油にほんの少し白ワインをたらすと、刺身が違和感なく食べられます。レストランや居酒屋でも気軽に試せるワザなのでぜひお試しを！

！トマトベースのパスタ＋醤油

トマトソースのパスタならなんでも構いませんので、醤油をほんのひとたらし、かき混ぜて食べてみてください。醤油とトマトのグルタミン酸の旨み同士がタッグを組み、至福の味になります。

第1に複雑な味が組み合わさったデパート的存在であること。**醤油は「甘み」「酸味」「塩味」「苦み」「旨み」が、いわば五位一体となった複合調味料**。しかもそれぞれの味覚が刺激し合い、料理の味に奥行きを与えます。私たちがどんな料理ともマッチするように感じるのは、醤油の五つの味がそれぞれ微妙に、料理の風味とうまい具合にバランスをとっているからです。余談ですが、漬かりすぎた漬物やちょっと塩辛すぎる鮭などにほんの数滴お醤油をたらすと不思議なことに塩辛さが抑えられます。これは醤油に含まれる有機酸の作用によるものです。

続いて第2は、**強力な旨みを持ってい**

ること。醤油は発酵調味料の特徴であるアミノ酸の一種のグルタミン酸を多く含んでいます。グルタミン酸は、昆布やカツオ節、イカ、肉などに含まれる動物性の旨み成分・イノシン酸と合わせると旨みが2乗に増します。この旨みが味の下地を構築します。だからこそ醤油は隠し味としても有効に使えるというわけです。さらにいえば、醤油はグルタミン酸以外にも20種類のアミノ酸を含んでおり、まさに旨みの集合体なのです。

そして第3が**アロマ効果**です。醤油には300種類の香りと味が含まれているといわれています。極端にいえば匂いだけでも存分に味わうことが可能な調味料です。つまり、味をつけるだけでなく、香りづけとしても一流の存在。実際、海外でも醤油は香りづけ用フレーバーとして人気が高いそうです。

◉正しい醤油の使い方とは!?

さて、醤油の偉大さをわかっていただいたところで、その威力を最大限引き出すための注意点にも触れておきます。

まず、**醤油は火を入れると香りが飛びやすいので、少なくとも2回に分けて使う**

のがポイント。1回目は下味と塩分を足すため、そして2回目は火を止めた後にひとたらしして香りづけをするのです。醤油の「旨みづけ」と「香りづけ」といった特性をそれぞれ分けることで、より深い味わいを出すことが可能になります。

また、**煮物を作るときは少しずつ醤油で味を足していくのがベスト**。なぜなら醤油に含まれる塩分には脱水効果があり、素材の水分を抜いてしまいます。一度に入れてしまうと脱水が早まり素材が固くなってしまうのです。少しずつ醤油を加えれば水分が急速に抜けることなく、やわらかく出来上がります。さらに、煮物は一度塩辛くしてしまうと素材に塩分が移ってしまって修正が効きません。そのためにも味見をしながら徐々に加えていきましょう。

最後は保存方法です。冷暗所なら常温保存でもいいのですが、**光と温度に弱いので、できれば冷蔵庫に入れて**おきたいもの。冷蔵庫で保存することで酸化を防ぎ、風味も長持ちします。私の場合は、1リットル入りを買ってきて冷蔵庫に入れ、使う分だけ小ビンに移し替えて使っています。そうすることでいつでもフレッシュな醤油の香りを楽しめるというわけです。日本人にとって醤油は毎日必ず摂る調味料。少しぐらい面倒でも、感謝の気持ちを込めて大切に使いたいものです。

味噌
さしすせそ

味噌選びに迷ったら自分の出身地のものをこだわらなければ信州味噌

一口すすった瞬間、ほわっとあたたかいホッとした気持ちになれる味噌汁。味噌汁をいただくたびに、日本人に生まれてよかったなあとつくづく思います。私にとって、コーヒー、紅茶、ハーブティーよりもリラックスできる飲み物、それが味噌汁です。

そんな味噌汁の主役が味噌。和食の基本となる調味料「さしすせそ」の順番の「そ」にあたります。日本の味噌が生まれたのは奈良時代。原型となる調味料が中国にあり、それが朝鮮半島を経て、日本に伝わったという説が一般的です。人体に必要な塩分を摂れるうえに保存性が高く、しかも製法も比較的簡単だったため一気に各地に広まりました。すでに室町時代には全国で作られ、庶民も口にしていたそうです。その後、醸造法が進化し、各地で独自の味噌が生まれました。今でもその名残から、地方や各家庭でいろいろな種類の味噌が作られています。いわゆる「手前味噌」という言葉は、自分の家の味噌を自慢するという意味合いから使われています。

基本的に、味噌の原料は大豆と麹と塩。これを熟成・発酵すれば出来上がりです。味噌には、大きく分けて米味噌、麦味噌、豆味噌の3種類があります。

①米味噌……大豆に米麹を使う味噌。スーパーでいちばん見かけるのがこのタイプ。
②麦味噌……九州を中心に作られるやや甘口の味噌。麦麹を使用して作られます。
③豆味噌……東海地方を中心に広まる味噌。米や麦の麹を使わず長期醸造で作られる。代表的なのは八丁味噌。

そのほか、いろいろな種類をミックスして、旨みやコクを出した合わせ味噌（調合味噌）も最近ではよく使われるようになってきています。

一方、赤味噌、白味噌という分類もありますが、これは熟成期間や大豆と麹の比率の違いで色が違って出来上がるもの。色の違いはさほど味には影響しませんが、一般的に色が濃いほど熟成期間が長いことが多いようです。ちなみに、白味噌と赤味噌を混ぜ合わせたものを「ふくさ味噌」といい、おめでたい席によく使われます。

スーパーに行くとたくさんの種類の味噌が並んでいて、選ぶのにも困ってしまいますが、選び方としては自分の出身地のものを見つけるのがいちばんです。もしこだわらないのであれば、信州味噌を選べば無難。いちばんポピュラーで、全国の味噌の生産量の約35%を占めているそうです。クセがなく味のバランスがいいのが特徴です。

また、だし入り味噌もよく売っていますが、これはあらかじめ味噌に天然だしや化学調味料を混ぜたもの。わざわざだしを取らなくても、お湯に溶かすだけで味噌汁ができるので手軽に使えます。ただし加熱処理を施されていることが多く、味噌本来の味や効果は多少薄れます。

◉なぜ味噌は最後に加える?

さて、なぜ和食では味噌は最後に加えるものとされているのでしょうか。味噌の魅力は、なんといってもその馥郁《ふくいく》たる香りです。ただし、味噌の香りは揮発性で、熱を加えると香りが飛んで風味が落ちてしまいます。味噌を最後に入れることで、コクのあるフレッシュな香りを料理に加えることができるのです。味噌汁を作る場

知られざる
ひとふりのチカラ

！マヨネーズ＋おろしニンニク＋味噌

マヨネーズ４に対して、味噌１で混ぜ合わせて、おろしニンニクを少々入れます。これに冷蔵庫に残った野菜をスティックにして、つけて食べてみてください。野菜スティック和風味に。日本酒や焼酎を飲むときのおつまみとしてぜひ。

合も、味噌を加えてよく溶いて、ひと煮してから火を止めるというのが鉄則ですが、これも味噌自体が持つ香りを楽しむためのワザなのです。

味噌はその香りを生かして、**臭み消しの効果**もあります。サバの味噌煮などは典型的な例で、サバの生臭みが消え実にマイルドな味になりますが、実は味噌には牛乳などと同様にタンパク質で匂いを吸着して消臭するチカラがあります。試しに焼き鳥のレバーに味噌をつけてしばらく置いてから食べてみてください。レバーの臭みが化学反応により消えて食べやすくなります。ほかにも、イノシシの肉や鯉などは味噌煮込みで食べるのが一般的ですが、これも味噌の臭み消し効果からこうした調理法が確立されたと思われます。もっともだし入りなど加熱処理のされた味噌に臭み消し効果は期待できません。念のため。

◉なかなか減らない味噌を有効活用する裏ワザ

味噌は冷蔵庫に保存するのが基本。空気に触れるとカビが生えたり、黒くなってしまうので、できれば入れ物の上からラップして二重に密閉しておきましょう。ぬかみそのように、時々かき混ぜるとより長く味を保つことができます。

ところで、あまり料理をしない方にとって、味噌といえば味噌汁を作るぐらいで、もてあましてしまっている人が多いと思います。そこで、味噌をおいしく食べる方法を紹介しましょう。まず私は朝食に味噌をよく使います。味噌に砂糖を混ぜてトーストに塗って食べますし、オススメなのが卵かけご飯。醤油の代わりに味噌を使って食べるとまさに絶品です。

なお、醤油と味噌は両方とも大豆が原料なので**醤油を使うものはほとんど味噌でも代用可能**です。もし醤油を切らしてしまったときでも味噌を使えば大概おいしく食べられると思います。

また、一度試していただきたいのが簡単味噌漬け。私が好きなのは卵黄の味噌漬け。2〜3日漬けると、実にマイルドでクリーミーな味でおかずとしてもおつまみとしてもおいしいです。また、同じ大豆を使った豆腐を漬けるとグルタミン酸の相乗効果でより味がアップします。こちらは日本酒との相性がバッチリです。

◉「医者に金を払うよりも、味噌屋に払え」

日本では昔から味噌は食生活に欠かせないものであり、毎日しっかり摂ることで病気を防ぐことができるといわれていました。実際に「医者に金を払うよりも、味噌屋に払え」ということわざまであります。

今でも味噌は健康に欠かせない食品のひとつです。悪玉コレステロールを取り除くほか、記憶力の向上に役立つレシチンが多く含まれていますし、イライラを防ぐカルシウムやビタミンB群も豊富に含まれています。さらに発酵食品のため整腸作用の効果も高いとされ、毎日味噌汁を飲めば胃潰瘍の予防効果も高いそうです。さらに、最近では、がん予防効果が高いとして注目を集めています。

覚えておきたい調味料

ハーブ&エスニック 篇

〈ハーブ篇〉

エストラゴン・タラゴン

肉・魚料理のほか、エスカルゴの臭み消しに

原産地は南ロシア、西アジア、東ヨーロッパなど。怪獣のような名前ですが、フランス語で「小さな龍」という意味です。

乾燥したものは、干し草とお茶を足したような香りがし、最後に梅干しの香りがどことなく漂ってくるような気がします。一方、フレッシュなものは、セロリのような少しクセのある香りがほのかにします。

ヨーロッパ、特にフランスではよく使われるハーブで、白ワインビネガーの中に入って売られていたりします。肉、魚料理にも幅広く使われているほか、刻んでバターに練り込んで食べるのも人気です。フランスの名物料理、エスカルゴ料理の臭み消しとしても使われています。

そのほか、ドレッシングの中に刻んで入れたり、ペーストにして入れたり、フランスでは一般的に使われています。私が普段常備して使っているのは、エストラゴ

ンマスタードです。緑色のマスタードで、食べた後にかすかにアニス（セリ科の香味植物）のような味が残り、少しクセがありますが、とってもおいしいです。

オレガノ

トマト料理との相性がいいハーブ　チーズとも合う

原産地はヨーロッパの地中海沿岸。噛むとほろ苦く、口の中がさっぱりとする清涼感が特徴です。私の場合は、刻んだオレガノをクリームチーズに加えて混ぜ合わせ、トーストしたパンに塗って食べるのがお気に入りです。

肉、魚、デザート、ドレッシングなどに幅広く使われていますが、特にトマト料理との相性がいいことで知られ、トマトソースに加えられることが多いハーブです。もうひとつ相性がいいのがチーズ。オレガノはピザにふりかけることが多いですが、実は素材のトマトとチーズの味を際立たせるために使われているのです。次回、ピザを食べるときにはぜひオレガノ、チーズ、トマトの組み合わせを意識してみてください。必ずやその相性のよさが納得できるはずです。また、オレガノは匂いを感じにくくする効果があり、肉や魚など臭みの強い料理にもよく使われます。

そんなオレガノはギリシャ・ローマ時代から薬用として愛されてきました。今でも覚醒、利尿、殺菌作用などが知られ、風邪や頭痛、生理痛、疲労倦怠、消化促進などに効果があるといわれています。

カルダモン

レモンの香りが漂うインドカレーには欠かせないハーブ　肉料理との相性もいい

さやに入っている種子を噛んだ瞬間、どこかレモンの香りが漂ってきて、爽やかな気分になれるカルダモン。

原産地はインド、スリランカなど。インドでは「スパイスの女王」として古くから親しまれてきました。その一方でローマ時代からヨーロッパに伝わり、主に香料として使われていたとか。今では全世界で広く使用され、なかでも北欧諸国でカルダモンは大人気。スウェーデンのカルダモンの消費量はアメリカの50倍にものぼるそうです。

一般的にはカレーをはじめインド料理に使われますが、肉類との相性もよく、私はよくひき肉料理に使います。一風変わった味に仕上がって、妙に食欲をそそる料理になります。また、私は冬になると時々チャイが飲みたくなりますが、そんなときはカルダモンのさやを割き、さやと種、クローブ、シナモン、そして紅茶、牛乳で煮出して作ります。クローブ、シナモンの独特の香りをカルダモンがうまく包んで後味すっきり、実にホッとした気分になれます。

ところでカルダモンといえば口臭消し効果も有名です。お酒を飲む前、飲んだ後に嚙んでおくと高い効果が期待できます。二日酔いの朝などに嚙んでおけば、同僚や上司に飲みすぎを気づかれなくて済みますよ。

クミン

柑橘系の香り漂うインドカレーに欠かせないハーブ　カルダモン同様、肉料理にも合う

インドカレーを構成する主スパイスとして有名なクミン。実際、クミンシードをそのまま嚙むと、ほんの少しの苦みとほのかな柑橘系の香りが口に広がり、インドカレーを食べた後に残る後味を感じることができます。時々、気のせいかゴマの味を感じることもあります。

原産地はエジプト。古代エジプト時代にはミイラの防腐剤として用いられていた

そうです。最も古いスパイスのひとつで、早くから世界中に広まり、各地の料理に多大な影響を与えました。特に食欲を増進するスパイスとして人気があり、古代ギリシャでは食欲のシンボルと考えられていたとか。実際、健胃作用の薬効も確認されています。

カレーをはじめインド料理には欠かせないスパイスのひとつですが、特に肉料理との相性がよく、カルダモンと合わせてひき肉料理に使うのがオススメ。また、意外に塩分の強いチーズとの相性もいいので合わせて食べるとワインが進みます。

私は以前インド料理屋さんで食べたクミン入りのクッキーが大いに気に入り、たまに食べたくなるとクミン入りのクッキーやパンを焼いています。やみつきになるので、ぜひ試してみてください。奥深い甘みを体験できますよ。

クローブ

バニラに似た香りを残すハーブ　お菓子にもよく使われる

原産国はインドネシアのモルッカ諸島。日本では丁字《ちょうじ》といわれます。刺激が強い香りですが、残り香にどこかバニラに似た甘い香りが漂い、最後に清涼感が残ります。他のハーブ同様、臭み消しや香りづけによく使われています。料理だけではなく、焼き菓子、プリンなどのお菓子にもよく使われます、シナモンやバニラなどと一緒に使われることも多く、チャイを作るときにも使われています。意外に苦みが強いので、使いすぎると料理が台なしになってしまうので注意しましょう。

歯医者さんで虫歯を治療するときの詰め物の匂いがするな、と思っていたのですが、実際に鎮静作用に軽い麻酔作用、殺菌作用があり、古くから歯痛のときにはクローブを噛むとよいといわれていたそうです。また、中国では口臭消しとして使われていて、皇帝と謁見する際にはクローブを噛まなければいけないという決まりがあったそうです。

漢方でも重宝され、頭痛緩和、下痢、消化不良、嘔吐、しゃっくりなどに効果があるといわれています。

ケッパー

日本ではスモークサーモンに添えられたハーブとして　イタリアではパスタソースにも

地中海沿岸原産。ケッパーの花のつぼみを酢漬けや塩漬けにしたもので、小粒のものほどおいしいといわれています。噛むと、かすかな辛みと程よい苦みがあるのが特徴。日本では立食パーティなどで出てくるスモークサーモンのお皿によくちりばめられているので、口にしたことのある人も多いのではないでしょうか。

日本ではあまり料理に使われることはありませんが、イタリアではよく使われるハーブのひとつで、家庭の冷蔵庫には必ずストックしてあります。シチリア産のケッパーが有名で、パスタのソースやサラダ、マリネによく使います。刻んでマヨネーズやトマトソースに加えることもありますし、バジルやイタリアンパセリのソースやホワイトソースと合わせてもとてもおいしく仕上がります。

特にケッパーをペーストにしたパスタソースはとってもおいしいので、ぜひ一度試してみてください。

コリアンダー

香草　単独で使うより、シナモンなどクセのあるものと一緒に使うのがコツ

コリアンダーというより、パクチー、シャンツァイ（香菜）といったほうがなじみがあるのではないでしょうか。フレッシュな葉の独特な味と香りは、日本人の食材にはない味覚で、苦手な人が多いと思います。ちなみにタイではほとんどの料理にコリアンダーが使われていますが、日本人のコリアンダーアレルギーは現地でも有名らしく、日本人とみるとコリアンダーを抜いて出してくれるお店も少なくありません。

種子は挽いてパウダー状にして使うのですが、こちらはアニスの香りにどこか似て、独特な香りでクセがあります。香りが強いので、肉、魚の臭みは消してくれるのですが、コリアンダー自体の味が強くなりすぎるので、使う際はほどほどにしたほうが無難です。

コリアンダーは単独で使うより、シナモンやクローブのようなクセのあるものと一緒に使ったほうが奥行きのある味に仕上がります。私も以前は苦手だったのですが、葉の部分が大量に入った炒飯を食べたことがあって、食べた後に残る清涼感のようなものにハマってしまいました。一度ハードルを越えると、大ファンになってしまう不思議なハーブです。

サフラン

パエリアでおなじみ　料理の色づけに使うハーブ

地中海沿岸原産で、サフラン（アヤメ科）の花の雌しべを乾燥させたもの。サフラン自体は赤いのですが、水に溶かすと鮮やかな黄色となります。

日本ではブイヤベース、サフランライス、パエリアでおなじみです。古来のヨーロッパでは染料としても使われ、古代ギリシャではサフランの黄色が王侯貴族のシンボルカラーだったとか。また、旧約聖書の中にも「芳香を放つハーブ」との記述があります。非常に高価なスパイスとしても知られていますが、1グラムのサフランを得るにはおよそ300個もの花が必要だそうです。値段が高いのもうなずけます。

サフランの味覚の特徴としては、ほんの少しの苦みと薬のような香り。私が時々使うのは、オッソブーコ・アッラ・ミラネーゼという伝統的なイタリア・ミラノ地方の郷土料理。牛すね肉を煮込んだお料理ですが、これに必ず添えてあるのがサフラン入りのリゾットです。

サフランには、リコピンやβ－カロテン、ゼアキサンチンが含まれていて、抗酸化作用にとても優れ、アンチエイジングにも最適です。ちなみに、そんな効能を知ってか知らずか、昔、私の祖母がサフラン入りのお茶を飲んでいました。飲ませてもらったのですが、子供の頃だったので苦くて飲めなかった思い出があります。

シナモン

桂皮の一種　独特な芳香を持ち、料理よりはお菓子によく使われる

生産地はスリランカ、南インド。桂皮の一種で、樹皮を剥いだものがスティックやパウダーとして出回っています。

古代ローマの時代にはすでに香水として使われ、愛する人への贈り物として人気を博していました。ちなみに、暴君として知られる皇帝ネロは最愛の妻を亡くしたときにローマ中のシナモンを集めて燃やしたそうです。日本には中国から伝わり、奈良の正倉院にも所蔵されています。

江戸時代後半に樹木も伝来し、和菓子にも使われるようになりました。

独特な芳香を持ち、料理というよりは、お菓子によく使われているシナモン。実

際、八橋やアップルパイやフルーツのコンポート、カプチーノなどによく使用されています。スティックやパウダーで売られていますが、香り以外の効能としては胃の働きを活発にするほか、消化促進や解熱・鎮痛などの風邪に効くといわれています。また、発汗作用もあり、ダイエット効果も期待できます。

セージ

ケモノの匂いがするスパイス　クセのある肉と合わせて使う

地中海沿岸原産。渋みや苦みのある、独特の香りを持つスパイスです。私自身は、どことなくケモノの匂いを感じます。

セージ自体の香りが強く個性の強い味なので、やはりクセのある料理によく使われています。たとえばイタリア・ローマの伝統料理のひとつで、子牛肉と生ハムの間に挟み、白ワインで味付けする「サルティンボッカ」には必ず使われています。

また、トスカーナ地方の郷土料理にもセージは欠かせない存在です。バターを溶かした中にセージを入れて香りを出したうえに、パルミジャーノを加えてパスタやニョッキを和えたりもしますし、他にも2枚の葉でアンチョビを挟んで衣をつけてフライにしたり、あるいはインゲン豆をゆでるときに一緒に入れて煮込んだりと、とかくいろいろなお料理で利用されています。

セージといえば豚肉の臭み消し効果が高いのも特徴です。そのためドイツ料理のソーセージにもよく使われています。余談ですが、ソーセージの語源はセージだという説もあるそうです。そのほか、ドイツではビールの香りづけとしても活躍しています。

強力な殺菌作用や抗炎症効果があるため、ノドが痛いときに飲むと効果が高いとされています。ちなみに、イタリアでは歯磨き粉の中によくセージが含まれていました。最初はなぜ歯磨き粉にハーブが？　と疑問に思ったものですが、後で調べたら、セージには歯ぐきの出血を抑えたり口内炎を治す効果もあるとかで、妙に納得したものでした。

ターメリック

和名はウコン　インドカレーには欠かせないスパイス　二日酔いにも効く

原産はインドをはじめとする東アジアやインドシナ半島。日本には18世紀に今の沖縄に伝わり「ウコン」として広まりました。口にするとほのかな苦みがあり、漢方薬を飲んだときのような後味が特徴。日本では主に健康食品として売られていますが、インドでは国民食のカレーに欠かせないスパイスのひとつ。そのほかにもインドでは料理の色づけや香りづけにも使われています。ちなみに、日本のたくあんの黄色もターメリックで着色されたものです。

ターメリックは、肝機能を高めて、胆汁酸の分泌を促進する働きがあり、油との相性がよいので、お酒を飲んでいる最中や後には、ターメリックを使った料理やサプリメントを口にすると回復が早まります。

注意点としては、ターメリックは一度衣類に付いてしまうと色が落ちにくいため、食べるときはこぼしたり飛ばしたりしないように要注意。実際に、世界各地では染料としても使われています。

タイム

臭み消しの効果が高いハーブ　特に魚料理に使われる

〝タイム〟というと英語と勘違いしやすいですが、ギリシャ語で「勇気」を意味します。地中海沿岸原産で、臭み消し効果が高く、別名「魚のハーブ」といわれるほど魚料理に多用されています。

また、フレッシュなタイムはブーケガルニとしてシチューやスープ、煮込み料理によく使われており、フランス料理でも大活躍しています。香りが移りやすいのも特徴で、ヨーロッパでは、オリーブオイルやワインビネガーに漬け込んで使う家庭が多いようです。また、ウスターソースやトマトケチャップ、ドレッシングなどの加工調味料に含まれることが多く、実は知らないうちに口にしている代表的なハーブのひとつだと思います。

タイムは咳止めの民間薬としてヨーロッパで広く使われてきました。そのほかにも、殺菌作用などの効能があり、料理に使うよりもハーブティーとして飲むとより効果が高いといわれています。

ちなみにタイムは二日酔いにも高い効果があると伝えられています。前夜飲みすぎてつらい朝は、タイムのハーブティーを飲めばスッキリできるかもしれません。

陳皮《ちんぴ》

ミカンの皮を乾燥させたもの　食欲をそそる香りづけとして

温州ミカンの皮を乾燥させたもので、ミカンの香りがし、ほんの少しほろ苦い味がします。七味唐辛子にも含まれており、食欲をそそる香りが他の薬味とうまくからまって、欠かせない存在です。香港や台湾でよく使われる調味料の五香粉にも含まれています。

漢方薬として古来から使われ、食欲不振や胃腸障害、胃のむかつき、咳止めなどの効用があるといわれています。また、血圧を下げる効能もあります。古いものほど薬効が高いといわれ、香港の市場などでは「遠年陳皮」として20年、30年などと表示され、ヴィンテージ的に高値で取引されています。

個人的にはハーブティーとしてよく飲みます。陳皮はビタミンCも摂れるため、他のハーブティーと組み合わせてバリエーションを楽しんでいます。ハーブティーとして飲むときは、煮出すよりも水出ししたほうが甘みが出てオススメです。

ディル

魚との相性が素晴らしいロシアの代表的ハーブ

スカンジナビア半島、ロシアの代表的なハーブで、北欧のパセリとも呼ばれます。ディルとは古代スカンジナビア語で「鎮める」という意味があり、実際、鎮静作用があり、不眠にも効くといわれています。

ディルは、葉・茎・花・種子が使われ、それぞれ微妙に香りが違いますが、日本でいちばんなじみがあるのは葉だと思います。

ディルは魚との相性が素晴らしく、魚介類を使ったお料理によく使われます。魚を使ったオススメレシピとしては、「サーモンのクリームチーズ詰め　ディル風味」。クリームチーズに刻んだディルを混ぜて、切り込みを入れたサーモンに詰め、塩、胡椒で味を調えます。続いてディルをのせて、ホイル焼きにすれば出来上がり。一風変わった鮭料理が楽しめますよ。

また、ディルはジャガイモ料理とも合うので、マッシュポテトやポテトサラダに刻んで入れても、クセはあるものの洋酒のおつまみによく合います。そのほか、マリネ料理や塩釜の魚や、肉の上にのせて使うのもオススメです。

最後にディルはワインビネガーなど酢との相性が抜群。ディルをワインビネガーに漬けると香りが移り、ハーブ風味のビネガーが出来上がります。これを魚料理などに軽くふりかけて食べると最高に美味です。

ナツメグ

ひき肉との相性がすばらしいスパイス

胡椒、クローブ、シナモンと並んで〝4大スパイス〟のひとつに加えられるのがこのナツメグ。特にひき肉料理との相性がよく、ハンバーグやミートローフに欠かせないスパイスです。

パウダー状のものとホール状のものが売られていますが、やはり香りが違うので、私は、ホール状のものをおろし金でおろして使っています。挽きたては香りが強く、肉料理のおいしさを数倍アップしてくれます。火を入れることによって、より肉の甘さが強調されるので、ひき肉はもちろん各種の肉料理には欠かせない調味料のひとつです。

また肉を使ったラザニア、グラタンにもベストマッチ。ナツメグはホワイトソースに加えると、より具がソースになじんでおいしく仕上がります。どことなくシナモンの香りにも似ていて、お菓子、パン類にも使われています。

古来から薬用としても愛用されていて、体を温める効果が高いとされ、冷え性の人にはオススメです。ただし、ナツメグは多く摂ると肝臓障害を起こすことがあるので摂取量には要注意です。

バジル

イタリア料理には必須のハーブ　シソの代わりに使えば和食にも合う

原産地はインド。エジプト、ヨーロッパの順に伝わり、今では代表的なハーブのひとつ。ヨーロッパでは「ハーブの王」ともいわれるほどメジャーな存在です。

フレッシュなスイートバジルは風味が強く、入っていた袋から取り出した瞬間、部屋中バジルの香りが広がり、食欲が湧いてくるほど。イタリアで非常によく使われるハーブで、トマト、モッツァレッラ、バジルを重ねたカプレーゼやバジルをペーストにしたジェノベーゼ、トマトソース、ピザなど、生バジル、乾燥バジル問わずよく使われています。シソ科なので、シソの代わりに使っても違和感なく使えますので、刻んで、冷奴にふりかけてみたり、炒飯に刻んで入れてみたりしてもおいしくいただけますよ。

免疫力強化、美肌効果、がん抑制など、いろいろな効能を持っていますが、特に注目したいのが、自律神経を整える効果。イライラしたときや集中できないときにバジルを摂るとリラックスできます。

ちなみに、イタリアで男性がプロポーズするときにはバジルの葉を髪にさす習慣が古来からありましたが、実は今でもまだ行われているとか。その香りといい、とってもロマンチックなハーブです。

八角

甘みがある独特の香りを持つ中華料理を代表する香辛料

中華料理に欠かせないのが、この八角。料理に少し使っただけでもたちまち中華料理に変身させてしまうクセの強いハーブです。甘みのある独特の香りで、ちょっぴり苦みと渋みが感じられます。香港や台湾では街中に八角の香りがするほど、よく使われています。コンビニの中に入っても八角の香りがして驚いたものでした。日本人は八角の匂いが好きな人と嫌いな人に分かれるようです。

個性の強い香りのため、こってりした料理には特に合い、あっさり食べられてしまう不思議な働きがあります。時々、杏仁豆腐などにも使用しているお店があって、初めは苦手かな？　と思っていたのですが、慣れるとクセになるおいしさです。

また、中華調味料の「五香粉」には、シナモン、カルダモン、クローブ、陳皮と並んで八角が含まれています。

ちなみに、八角はインフルエンザ特効薬の原料のひとつ。とはいえ、そのまま摂っては効果はないので念のため。ただし粉末にすると風邪に効くといわれています。

パプリカ

見た目ほど辛さがない　赤い色づけに使うスパイス

原産地は南アフリカで唐辛子の仲間。品種改良されてハンガリーで広く広まりました。真っ赤な色が特徴ですが、見た目ほど辛くなく、ポテト料理によく使われています。ほんの少しの苦みと辛みがあり、味付けというよりは、色付けに使われているほうが多いような気がします。ハチミツの匂いをかいだときのような甘い香りが大きな特徴です。特に味がするわけではないのですが、個人的にはなんとなく後味がサフランに似ているような気がします。

スープの色づけやサラダなどにふりかけてあります。味を極端に変えるものではないので、炒飯やスープの色づけやグラタンなどに使っても合うと思います。赤く色づくので、見た目は辛そうに仕上がりますが辛くないので、意外性があって面白いスパイスです。

スパイスにしては珍しくビタミンCが多めに含まれているので、タバコを吸う人は多めに摂ってもいいかもしれません。

フェンネル

魚の生臭さを見事に消すハーブ　別名〝魚のハーブ〟とも

南ヨーロッパや西アジア原産。

フェンネルは葉、種、茎が使われています。葉は肉や魚と一緒に煮込んだり焼いたりしてよく使われていますし、種はそのまま使ったりパウダーにしてお菓子やパンにも使われます。

一方、茎はヨーロッパではよく食べられていますが、日本では高価なのであまり出回っていません。

フェンネルの香りにはクセがあるのですが、その分、魚との相性がいいことで知られ、別名〝魚のハーブ〟とも呼ばれています。私が大好きなのは、一度匂いを抑えるために茎の部分をゆでこぼして、トマトソースとサルシッチャというイタリアのソーセージと一緒に煮込んだものです。セロリのようなクセのある味ですが、トマトとの相性がよく本当においしい料理です。日本の粗挽きのソーセージでも代用できますので、機会があったらぜひ試してみてください。

ちなみに、古代ローマ時代はダイエットの特効薬として重宝されていたそうです。

マジョラム

肉の臭みを見事に消すハーブ　別名〝肉のハーブ〟とも

地中海沿岸原産。甘酸っぱく少し苦い香りが特徴で、別名〝肉のハーブ〟といわれています。生と乾燥したものがありますが、乾燥したマジョラムは干し草のような匂いがするような気がします。ちなみに、中世のヨーロッパでは魔よけに使われていたそうです。

肉の臭み消しなどによく使われますが、香りが飛びやすいので、料理の仕上げに加えて使うのがポイント。また、サラダや炒め物の最後にふりかけても風味のあるお料理に仕上がります。

マジョラムのハーブティーは、安眠効果があるといわれていますので、眠れないときにはオススメ。リラックス効果もあり、質のいい睡眠を取れる気がします。袋に入れて枕のそばに置いておくとぐっすり眠れます。

そのほかにも、強壮作用や筋肉痛、船酔い、むくみ取りにも効果があるとされています。

ミント

リラックス、睡眠効果もある癒やしのハーブ

ガムなどでおなじみのハーブだと思います。嚙んだ瞬間スーッとする清涼感を味わえ、口の中いっぱいにミントの香りが漂う……とても爽快な気分にしてくれるハ

ーブです。原産地は地中海沿岸と東アジアで、古代エジプト時代から使われていました。

ミントはデザートやハーブティーのほか、リキュールやタバコの香りづけとしてもよく使われています。料理では、生臭さを消してくれるうえに殺菌作用が強力なので、肉や魚料理によく使われています。

私はミントのハーブティーをよく飲んでいます。ミントは気分をシャキッとしてくれる反面、リラックス効果や睡眠の質を高める効果もあるので、ぐっすり休みたいときにもオススメです。

ミントは植物としてもとっても丈夫で、栽培も簡単です。枯れてしまったかなと思っていても、翌年ちゃんと生えてきてくれます。お手入れも簡単ですし、何よりも家でフレッシュなミントの香りを手軽に楽しめます。ミントの緑色は盛り付けに彩りを添えアクセントになりますし、ぜひベランダなどで栽培してみては？

ローズマリー

熱に強く香りが飛ばないハーブ、肉料理やマッシュポテトに

原産地は地中海沿岸。〝ローズマリー〟とは、「聖母マリアのバラ」という意味。若返りのハーブといわれているとおり、脳の働きを活性化し記憶力を高めるともいわれていますし、アロマテラピー効果で沈んだ気持ちをやわらげてくれる作用があるとされています。

生のローズマリーを噛むと苦くて渋いですが、料理に使うと独特な風味が食欲をそそり、旨みを引き出してくれます。熱を加えても香りが飛ばないので煮込みにも合いますし、ブーケガルニとしてもよく使われています。

私もとても大好きなハーブのひとつで、あらかじめ細かく刻んで塩と混ぜて、ローズマリー塩を作って常備しています。

肉を焼くときにも、ローズマリーを使用しますし、マッシュポテトには必ずといっていいほど加えます。自宅のベランダではフレッシュなローズマリーも育てています。

ローリエ

強く独特な香りを持つ、煮込み専用のハーブ

日本では月桂樹と呼ばれますが、原産地はトルコやギリシャ。〝ローリエ〟とはフランス語で、英語では〝ベイリーフ〟と呼ばれます。ギリシャでは古代から栄光の象徴として愛されてきました。

ローリエは煮込み料理に使うことがほとんどで、それ自体を食べることはありませんが、とても強く、独特な香りを持っているハーブです。特に肉や魚、内臓系の料理の臭みを消してくれるため、ブーケガルニとして、あるいは煮込み料理などには欠かせないハーブのひとつです。

葉１枚でも十分に香りが料理に行き渡ります。使いすぎると逆に香りが鼻につきますから注意してください。時折、粉末のものが売っていますが、こちらは少し苦みが強く感じられます。

香りが強いゆえに、虫が寄り付きにくい特徴があります。たとえば米びつに入れると、虫除けとして利用することも可能です。また、ローリエはリラックス効果や

肌荒れの予防のほか、発毛の促進にも効果があるといわれています。

ローリエ（ベイリーフ）はハーブ・ティーとしても飲まれていますから、最近、髪の毛が気になるという男性は、お試しあれ。

〈エスニック篇〉

カチャンソース

インドネシア料理によく使われるピーナッツソース

インドネシア料理はピーナッツ味のものが非常に多いのですが、その味付けに使われるのがこのカチャンソース（ピーナッツソース）です。「サテ」にも使われますし、日本でもポピュラーなインドネシアのサラダ「ガドガド」の味付けにも使用されています。

私はゴマの代わりに使ってバンバンジー風のソースを作ったり、冷汁風のものを食べたいと思ったときによく使用します。また、醤油を加えておひたしをあえたり、ドレッシングに加えたり、あるいはシャブシャブのつけダレにしたり、いろいろと応用しやすい調味料です。

変わった使い方としては、ハチミツやメープルシロップなどの甘みを足してパンに塗って焼いて食べたりしてもデリシャスな味になります。さらに、少し油分も含まれているため、フライパンに入れて炒め物を作ってもおいしいです。インドネシア風味の炒め物が出来上がります。

ケチャップマニス

インドネシアで使われている甘口の〝醤油〟

インドネシアの焼き鳥料理「サテ」の甘いタレにも使用されているので、エスニック料理ファンの人なら「あの味か」と思い出せるのでは？　大豆と小麦を発酵させて黒砂糖や生姜、コリアンダーなどを加えたもので、甘くてとろっとした調味料です。インドネシアでよく使われる甘口の醤油といえます。似たものにケチャップアシンがあり、こちらのほうは塩辛く日本の醤油に似た味です。

インドネシアの代表的調味料のサンバルと一緒に使うと、より本格的なインドネシア料理に変身します。もともとケチャップマニスは甘いので、サンバルの辛みもやわらぎ、相乗効果でより食べやすくなります。

中華調味料の甜麺醤《テンメンジャン》の代わりにもなるので、私は回鍋肉を作るときに使ったりします。甘い醤油と考えて、豚汁や煮物の隠し味に使っても黒糖のコクが出て美味。和食にも違和感なく使えるので、一つ購入しておくとお料理の幅が広がります。

サンバル

インドネシア、マレー料理に使われる代表的調味料　辛みづけチリソースとして

インドネシア料理、マレー料理の代表的な調味料。ナシゴレン（インドネシア風炒飯）、ミーゴレン（インドネシア風焼きそば）など炒め物の調味料としてよく使われています。辛みが特徴で、料理の味付けはもちろん最後の辛みづけのチリソースとしても多用されています。原料は唐辛子とタマネギ、塩、砂糖、ハーブ、酢など。ちなみに、インドネシア語でサンバルは唐辛子という意味です。

サンバルには少々臭みとクセがありますが、辛いだけでなく、口に入れた瞬間、甘みとほんの少しの酸味と旨みがきて、後から舌の真ん中あたりがピリピリ痺れてきます。この数段階の味の変化がやみつきになる人も多いと思います。

炒め物、スープ、炒飯、肉料理、魚料理なんにでもマッチします。また、唐辛子の代わりに使ってみると奥深い味になるのでオススメです。特にオススメなのは、ペペロンチーノ（パスタ）。唐辛子とオリーブオイルの代わりにサンバルを使うと結構おもしろい味になりますよ。

作り方は簡単。ニンニクとサンバルを入れ、油をひいたフライパンを温め、香りが出てきたらアルデンテにゆでたパスタをからめるだけ。

また、エビチリを作るときも豆板醤の代わりに使ったり、少しハチミツを加えて塩、胡椒した鶏肉に塗ってオーブンやトースターで焼くだけでもおいしいおつまみができて、お酒が進みます。特に辛党は一度食べるとクセになることうけあいの調味料です。

シーズニングソース

タイではナンプラーの次に使われる調味料　日本の醤油に近く和食にも合う

東南アジア・タイで、ナンプラーに次いでよく使われているのがこのシーズニングソースです。主原料は大豆で、発酵・熟成させて作られます。同じような製法である日本の醤油をだしで薄めて少し甘くしたようなソースで、主に炒め物などによく使われています。醤油同様に旨み、コクがあるのが特徴で、タイのレストランのテーブルにもよく置かれていますし、ゆで卵を買うと必ずつけダレとしてついてきます。ソープカオ、フレーバーソース、マギーソースとも呼ばれます。

私の場合は、肉などを焼いたときにフライパンに残った肉汁に加えてグレービーソースとして使用したり、エスニック料理の味付けの仕上げに使ったりします。炒飯の最後の味付けとして鍋肌から数滴落として混ぜ合わせたり、オイスターソースと合わせて炒め物の味付けとして使っています。

日本人の味覚にもぴったりな万能調味料で、納豆や卵焼き、目玉焼きなどの卵料理にふりかけたりしてもおいしいので、１本購入しておくと何かと便利な調味料です。

シュリンプペースト

少量でエビの風味を5倍アップさせる小エビの塩漬け調味料

小エビを塩漬けにしたペースト状の調味料で、タイでは「カピ」、ベトナムでは「ムマム」、インドネシアでは「タラシ」があり、東南アジアで広く使われています。日本で手に入りやすいのは、タイの「カピ」です。

タイ料理には欠かせない調味料で、ほんの少量加えただけでもエビの旨みが味をグーンとアップさせてくれる隠し味の王様的調味料です。有名なタイ料理のトムヤムクン、タイカレーなどにも必ず使われており、調味料というよりは、タイ料理の〝だし〟的な存在だと思います。

私はプラスチックの容器に入っている練り状のものを愛用しています。はじめは、釣りに使うエサのような臭いがして、使うことに抵抗があったのですが、一度料理に使用してみたところ、濃厚なエビの旨みで一気にファンになってしまいました。

オススメは炒飯の隠し味として使うこと。シュリンプペーストを油で軽く炒めて香りを出してから使うと風味が5倍はアップ。もともと塩分があるので、塩は控えめにするのがポイントです。また、クセの強い匂いなので、使いすぎると逆にシュリンプペーストの味が強くなりすぎるので、少なめに。

ちなみに、各種スープに入れても海老のだしが効いておいしさがアップします。

チリ・イン・オイル

タイ版甘辛味噌、別名タイのXO醤　タイカレー、トムヤンクンには必ず入っている

タイ語では「ナムプリックパオ」。別名タイのXO醤とも称されます。

エスニック版〝甘辛味噌〟で、唐辛子・ニンニク・干しエビ・エシャロットなど

を炒めてペースト状にして、塩や砂糖を加えて作られます。

辛み、甘み、旨みを兼ね備えたタイの代表的な調味料のひとつで、タイカレー、タイ風薩摩揚げ、トムヤムクンなどを作るときにも必ず使われます。ほんの少し使っただけでも味が確実にアップするほか、どんな料理もエスニック風味にすることができるのでタイ料理ファンなら持っておきたい調味料です。

私のオススメは炒飯に用いる方法。炒飯を作るとき、先にチリ・イン・オイルを入れて、香りが出たら肉や野菜を炒めて味をからませ、ご飯を加えて混ぜ合わせて塩、胡椒で味を調えると奥が深い味の炒飯に仕上がります。

ナンプラーで割って薩摩揚げをつけて食べたり、フライものをつけて食べてもおいしいですし、スープの味付けに使ってもコクの深い味わいになります。

ただ、ニンニクが入っているので出かける前に食べるのは要注意ですよ。

豆鼓《トウチー》

日本の味噌、醤油のルーツといわれる大豆を塩漬けにした調味料

大豆を塩漬けにして発酵・乾燥させたやわらかい粒状の味噌。塩分と旨みが特徴

で、中国では料理のアクセント的によく使われているほか、生薬としても古来から使用されてきました。ちなみに、日本の味噌と醤油のルーツは豆鼓だといわれています。

麻婆豆腐を作るときにも必ず使われる調味料のひとつで、程よい塩分と辛さ、旨みが料理に複雑な味付けを加えてくれます。

私の場合は、中華料理だけでなく、和食の煮物に加えたり、炒め物の味付けに使っています。日本の味噌や醤油と似た風味なので、和食にもぴったり。常備しておくと何かと便利だと思います。

豆鼓は熱を加えると風味が増すため、油で炒めて香りを出してから他の具を加えると本来の旨みを存分に発揮することができます。豆鼓の味を色濃く出せる料理としてオススメなのが、空心菜炒めです。少し刻んだ豆鼓をゴマ油で炒め、香りが出たら空心菜を入れて炒め、オイスターソースを加えて混ぜ合わせるだけで、とってもおいしく出来上がります。

ハリサ

北アフリカにあるチュニジアの〝醬油〟

北アフリカ・チュニジアで日本の醬油ぐらい頻繁に使われているのがこちらのハリサ。唐辛子ベースのペーストでニンニクやキャラウェイ、クミン、コリアンダー、塩などがミックスされた調味料です。

唐辛子を使っているので辛いのですが、食べてみるとそれほど辛く感じません。これはほかの原料のクミンやキャラウェイの旨みが強く出ているからだと思います。日本人の味覚からすると独特なクセのある香辛料のため、好みが分かれてしまうかもしれませんが、意外や意外、一度はまるとクセになる深い味わいです。

また、食べた後にコリアンダーやクミンの香辛料の味がふわっと残るのも大きな特徴。砂糖は一切使用していないのに、ほのかな甘みがあり、少し清涼感がある不思議な調味料です。

日本国内ではあまり食べる機会が少ないかもしれませんが、北アフリカ料理のクスクスのソースに味付けとしてよく使われています。

調味料のチカラ1行レシピ〈INDEX〉

◆コラムと本文で紹介した調味料と食材のレシピを巻末にまとめました。（ハーブ＆エスニック篇は除く）

ア

アンチョビ（ペースト）

カリカリトースト　ペースト小さじ1／4杯とやわらかくなったバター10gを混ぜ合わせトーストにのせて

サラダ＋マヨネーズ　マヨネーズに加えてスティックサラダのソースに

ケチャップソース　ペースト小さじ1／4とトマトケチャップ大さじ1杯を混ぜて、フライドポテトのつけソースに

ヴィンコット

レトルトビーフシチュー　レトルト1人分に小さじ1／2〜1杯。1日煮込んだかのような濃密なシチューに

レバニラ炒め　ヴィンコットをほんの少し加えるとレバーの臭みが消えて食べやすくなる

XO醤

インスタントラーメン　小さじ1／2杯を出来上がったラーメンに。特に塩味がよく合う

塩辛　小さじ1／4杯程度を入れる。コクが出て、つまみはもちろんごはんにかけても合う

白いご飯　ご飯茶碗1膳のご飯に小さじ1〜2杯。おかずなしでも食事ができる

鍋料理に隠し味として　鍋（4人前）に小さじ2杯加える。隠し味として。コクが倍増

お茶漬け　シラスやジャコの上に小さじ1／2杯程度をのせて。シラスやジャコが最高級のつくだ煮の味に

冷や奴　小さじ1杯を冷や奴にのせる。おいしい中華冷や奴に

モッツァレッラチーズ　辛みがあるのでチーズに挟むように薄く塗る。ワインのつまみに

炒飯　1人前小さじ1杯を油を引いたときに入れる。お店の味に

オイスターソース

餃子　種を作るとき小さじ2杯入れる（4人前）。コク、旨みが増す

お弁当、お総菜のハンバーグ　ハンバーグに付いてくるソースに、小さじ1／3杯加える

ラザニア　完成後に好みでふりかけるとより濃密な味に

ミートソース　できたミートソースに小さじ1／2杯ふりかける。ひき肉の風味がアップ

インスタント焼きそば　味付けのとき、小さじ1／2杯ふりかける。まろやかな味に

シュウマイ　そのままシュウマイをつけて。臭みが抜けてジューシーに

スーパー・コンビニの肉まん　肉まんの上に箸で穴を開け、小さじ1／3杯を流し入れる。中華街の肉まんの味に！

オリーブオイル

パスタ　パスタを皿に盛り付けた後、最後の仕上げとして円を描くようにひとふり。味が引き立つ

冷や奴　絹ごし豆腐に、たっぷりの塩、胡椒をふり、最後にオリーブオイルを2回し。洋風冷や奴に

おから
おからのパサパサとした食感が消え、味もマイルドに

バニラアイス
アイス1人前に軽くひとまわし　甘みがマイルドになり香りが引き立つ

おろし生姜

ハチミツ＋お湯
1カップ（200㎖）当たり、おろし生姜小さじ1・5杯、ハチミツ大さじ2杯。風邪のときに

甘酢のチキン南蛮
小さじ1～2杯加えると、油っぽさと甘みが消えあっさり食べられる

レバニラ
1人前当たり小さじ1／2～1杯加えるとレバーの臭みが消え、より食べやすく

おろしニンニク

納豆
納豆1パックに耳かき半分。納豆の旨みを引き出し食欲アップ

クラムチャウダー
お湯を注ぐタイプのものに、おろしニンニクを耳かき1～2杯。あっさりとした味に

カ カレー粉

イワシの蒲焼き（缶詰）
耳かき2～3杯ほどかけると、生臭さが消え食べやすくなる。サバやサンマの缶詰にも

鶏の唐揚げ
カレー粉に少し塩を混ぜ合わせ、唐揚げにつけて。冷めていてもおいしく食べられる

黒酢

カレーライス
カレーライスに小さじ1杯ふりかけると長く煮たかのようなコクが！

ハチミツ＋牛乳
黒酢大さじ2、ハチミツ小さじ1、牛乳100㎖。青木敦子の健康ドリンク。体力回復に

鶏の唐揚げ　唐揚げ1人前に、煮詰めた黒酢大さじ2杯をからめる。高級中華の味に一変

キムチ　キムチ1人前当たり黒酢を軽くひとふりで、辛みがやわらぎ野菜の甘みがアップ

ケチャップ

レトルトカレー　レトルトカレー1人前に二重丸を描くぐらいかけるとハヤシライスに

牛乳　牛乳とケチャップを1：1で混ぜ合わせると即席サウザンドレッシング

胡椒

ココア　1カップ当たり、黒胡椒を3ふり。甘みが引き立ち、かつスパイシーに

カマンベール・チーズ　チーズに黒胡椒を2~3ふり。チーズの臭みが消えマイルドに

ホット赤ワイン　赤ワイン200㎖をレンジで温め、黒胡椒小さじ1／2。好みの量のお砂糖を加えて

コチュジャン

豚汁　豚汁1杯あたり小さじ1／2~1杯。コクが深まって体にしみる味に

チーズカマボコ　チーズカマボコとの相性よし

すき焼き　すき焼き鍋（4人分）に小さじ1~2杯。辛味と甘みが加わり、旨みがアップする

春巻き　直接コチュジャンにつけて。油っぽさが消える

ネギトロ巻き　醤油をつけずにそのままコチュジャンにつけて食べる　臭みがなくなってより美味

田楽　味噌の代わりに使うと、味が甘ピリ辛となり、おいしい

ゴマ油

のり　表面に好みの量のゴマ油を塗り、塩をかけて冷蔵庫で乾かすと自家製韓国海苔に

シイタケ　石突きを取り、ゴマ油大さじ2杯を使い両面を中火で2分ずつ焼き塩をふる。

昆布茶

煮物　煮物（4人前）を作るとき、塩の代わりに小さじ2杯入れる

茶碗蒸し　茶碗蒸し（1人前）を作るとき、蒸す前に小さじ1／2杯加える

炒め物　淡泊な野菜などを炒めるときに塩の代わりに加えるとコクが増す

漬物　食べるときにほんのちょっとつけて食べる　旨みが加わる

パスタ　ペペロンチーノを作るときに加えるとコクが加わって味がパワーアップ

ドレッシング　お好みでふりかけて。グルタミン酸の旨みが追加

炊き込みご飯　ご飯に好みの具を入れ大さじ1杯（3合に対して）の昆布茶を入れる。ダシが利いて美味

お茶漬け　ご飯に小さじ1杯の昆布茶を入れお茶漬けに。二日酔いでもサラサラ食べられる

トマトのブルスケッタ　梅昆布茶をお好みでふりかけて。ワインのつまみにオススメ

ゆで卵　塩の代わりに昆布茶をつけて食べると塩分＋だし効果で味が引き立つ

サ

沙茶醬《サーチャージャン》

市販のビーフシチュー　小さじ1／3加えると台湾の牛肉煮込みに

インスタントラーメン　出来上がりに小さじ１／２～１杯加えると、だしが強烈に利いた台湾ラーメンに

つくね　つけて食べると肉の旨みが引き立ち風味がアップ。塩味のつくねのほうが合う

砂糖

トマト＋シナモン　輪切りにしたトマトに薄く表面が隠れるぐらいの砂糖。フルーティな野菜デザートに

キュウリの浅漬け＋ラム酒　ラム酒を軽くふりかけ砂糖を少量まぶす。ハードリカーが合う大人のおつまみに

塩

ローズマリー　マッシュポテトやフライドポテトにローズマリーと塩を軽くまぶすとクセになるおいしさ

ラー油＋酢　餃子を食べるときに、醤油の代わりに。夏に餃子を食べるときにオススメ

七味

切り干し大根　コンビニで売っている切り干し大根にひとふり。味にコシが出て高級な味に

ホウレンソウのおひたし＋バター　１人分１／４束に七味を２～３ふり。味が引き締まる

醤油

白ワイン＋刺身　白ワインを飲むときに、つけ醤油に白ワインをたらすと刺身がよりおいしく

トマトベースのパスタ　トマトベースのパスタを食べる前に醤油をひとふり。トマトと醤油のマッチングが絶妙

酢

ノリのつくだ煮　ほんのひとふりの酢を加えるとしょっぱさが取れてマイルドに

煮物　和食の煮物やラタトゥーユにひとふり。野菜の甘みや塩分が引き立つ

骨付き鶏肉　鍋に鶏肉と酢をひたひたに入れ弱火で1時間煮込む。甘くコクのある鶏肉の煮込みに

スウィートチリソース

薩摩揚げ　醤油の代わりにスウィートチリソースをつけるとそのままタイふう薩摩揚げに

鶏の唐揚げ　つけて食べると唐揚げのニンニク風味が引き立ち、スパイシーフライドチキンに

フライドポテト(ポテトチップス)　ポテトとの相性抜群。つけて食べるとビールのおつまみに最適

おでんの大根　コンビニのおでん大根につけて食べるとパンチが効いておもしろい味に

タ

タバスコ

冷麺　1人前の冷麺にタバスコを3~5滴すると味が引き締まる。冷やし中華にも合う

回鍋肉　回鍋肉1人前にタバスコ2ふり。ドライな大人の味に

芝麻醤《チーマージャン》

そうめん　おつゆに小さじ1/2~1杯。味がなめらかになる

ヒジキ煮　ヒジキ煮1パックに小さじ1～2杯。ゴマのマイルドさが加わりワンランク上の味に

豚汁　1人前の豚汁に小さじ1／2～1杯。まろやかになり宮崎の冷や汁のような味に

甜麺醤《テンメンジャン》

野菜炒め　1人前の野菜炒めを作るときに小さじ1／2～1杯。甘みとコクが加わって濃密な味に

レトルト回鍋肉　1人前に小さじ1／2～1杯を加えて混ぜ合わせると高級中華店の味に

レトルト麻婆豆腐　レトルトや総菜屋のものでも1人前に小さじ1／3～1／2杯。コクと深みが加わる

トースト　焼いた食パンに塗るだけ。甘党ならバターに匹敵するほどのおいしさ

焼いた鶏の皮＋キュウリ＋パン　食パンに挟んで食べると、〝なんちゃって北京ダック〟として楽しめる

厚揚げ　表面に厚めに塗ると甘みとコクが加わり味がシャキッとする

シチュー　レトルトのシチュー1人分に小さじ1杯入れると、甘みが増して深い味わいに

あたりめ　小皿に少量盛ってつけて食べる。マイルドな味に

豆板醤《トウバンジャン》

納豆　納豆1パックに耳かき1杯程度。食欲が進む

クリームチーズ　クリームチーズ大さじ1杯に豆板醤を耳かき1杯程度。ビールが進む！

大根おろし　大根おろし1／2カップに豆板醤小さじ1／2～1／3。辛みが消えてマイルドになる

お味噌汁　味噌汁1杯に耳かき1／2程度。寒い冬に飲むと体が温まる

ナ ナンプラー

白いご飯＋バター　茶碗1杯のご飯にバター大さじ1杯、ナンプラー小さじ1／2杯。エスニックディナーとして

味噌汁　味噌汁にほんの1～2滴たらすと、コクがさらに深まる

炒飯　醤油の味付けの代わりに。タイ炒飯の味に早変わり

塩分控えめなチーズ　ほんの少しふりかける程度に。どんなお酒にも合うつまみになります

練り梅

マグロのやまかけ　醤油に加えて練り梅を小さじ1／3～1／2杯。梅の香りでさっぱりと食べやすくなる

酢豚　1人分の酢豚に小さじ1／3～1／2杯をまぶすと後味がさっぱりしてしつこさが消える

プルーン　練り梅を塗って食べると甘みの高い梅干しのような味に変化

ハ ハチミツ

サラミ・生ハム　ほんの少量つけて食べると上品な味わいになりシャンパンに合う

パルミジャーノチーズ　少量つけながら食べるとデザートのような味に。シェリー酒にぴったり

冷麺　1人前に大さじ1杯。辛みがやわらぎ味がまろやかになる

バルサミコ酢

バニラアイス　バニラアイスの表面に一廻りふりかけると甘さが増しフルーティに

花椒《ホワジャオ》

揚げ物　軽くまぶすと揚げ物の油っぽさが緩和され、胃もたれしにくくなる

天ぷら　花椒と塩を混ぜ、つけて食べると刺激と清涼感でよりおいしく。高級天ぷら店の味に

肉団子　軽くまぶすと揚げ物の油っぽさが緩和され、胃がもたれなくなる

ジャコやシラス　ジャコやシラスにひとふりしてご飯にかけて食べる。清涼感から食が進む

シシトウ炒め　シシトウを炒めて花椒と塩をふりかけて味付け。ビールが進む絶品おつまみに

ポン酢

サラダ　1人分のサラダに軽く2廻し（お好みの量でOK）

生牡蠣　殻付きの場合、生牡蠣にひとたらし

焼き魚　たとえばサンマなら軽く1廻し。くさみがやわらぎ食欲が進む

大根おろし　大根おろし半カップにポン酢を2廻し　酸味が加わりあっさり食べられる

豆腐　豆腐1／2丁につきポン酢を1廻し。味がなじんで食べやすくなる

納豆　納豆1パックにつき軽く1廻し。醤油の代わりに

ハンバーグ　ハンバーグ1枚に軽く2廻し

餃子　餃子のつけダレとしてポン酢を使用。まろやかな味になる

マカロニサラダ　1パックのサラダに軽く1廻し。酸味が加わり、あっさりと食べられる

卵料理
卵焼きに醤油代わりにポン酢を。卵本来の甘みが引き立つ

茶碗蒸し
茶碗蒸し1杯当たり軽く一廻し。あっさりして料亭の茶碗蒸しにも負けない味に

マ

マスタード

ロールキャベツ
粒マスタードをつけて食べるとキャベツの甘みと肉の旨みが増す

豚の生姜焼き
豚の生姜焼き（1人前）に小さじ1～2杯。洋風でドライな味になる

ツナサラダ
粒マスタードを小さじ1～2杯。酸味が効いてバーで出される創作料理の味に

マヨネーズ

ビビンバ
コチュジャンの辛みをマヨネーズがマイルドに。とても食べやすくなる

カルパッチョ
塩とレモンをふりかけた後にマヨネーズを。感激する味

サムパプ
肉味噌とマヨネーズのこってりしたもの同士の組み合わせ。食べると止まらない

生春巻
作るときは春巻きの中に少し入れる。買ってきたものは、食べるときにつけて

照り焼きハンバーグ
照り焼きソースをからめたハンバーグにほんの少しつけて

チヂミ
そのままマヨネーズをつけて。もしくはつけダレにマヨネーズを加えて。どちらも美味

焼きそば
昔からある食べ方。なつかしい昭和の味

納豆
マヨネーズを小さじ1杯ほど入れてかきまわす。臭みがやわらぎ味はマイルドに

回鍋肉
半分はふつうに、残り半分をマヨネーズにつけて食べると二つの味を楽しめる

唐揚げ　少しだけ軽くつけて食べると、酸味が加わり食が進む

味噌

卵かけご飯　醤油の代わりに。小さじ1杯前後を少しずつ、かき混ぜながら入れる。

マヨネーズ+おろしニンニク　マヨネーズ4に味噌1、これにおろしニンニクを少々。和風テイストの野菜スティックに

卵黄　卵黄を味噌に2~3日漬ける。マイルドでクリーミーなおつまみに

みりん

うなぎの蒲焼き　うなぎの蒲焼きにひとふりしてレンジで温める。照りが出て、かつ、ふんわり仕上がる。

カレー　カレーが辛すぎたと思ったとき、好みでみりんを。カドがとれてまろやかな味に

メープルシロップ

ベーコン&スクランブルエッグ　ほんの少しふりかけると、ベーコンの塩分がやわらぎ食欲をそそる

コーヒー（紅茶）　砂糖の代わりに使うと、バニラに似た風味と味がリラックスを誘う

チョリソ　チョリソにつけて食べると辛みと甘みのバランスがよくなりお酒のおつまみに

麺つゆ

魚の煮付け　赤魚や白身魚を煮付けるときに大さじ1~2杯。やわらかい味になる

天つゆ	天つゆのかわりに麺つゆを使うと甘みと旨みが増す
炊き込みご飯	醤油の代わりに麺つゆを使うとほんのり甘みの利いた炊き込みご飯に
おでん	おでん1人前を炊くときに大さじ2～3杯
カツ丼	水と麺つゆを入れたフライパンにタマネギを入れ、煮えたらトンカツを（P.90参照）
卵かけご飯	お茶碗1杯のご飯に卵をかけ、小さじ1～2杯の麺つゆを入れる。だしの効いた味に
納豆	1パックの納豆に小さじ1～2杯。甘党向きの納豆ご飯に
マカロニサラダ	マヨネーズのくどさがこなれてあっさりした味に。おかずとして食べるとご飯が進む
チヂミ	つけて食べると粉っぽさが緩和されて、コクのある味に。少しかき揚げに似た味

ヤ 焼き肉のタレ

大根おろし	タレの甘みが大根の辛みをやわらかくし、大根本来の旨みを楽しめる
餃子	焼肉のタレをかけた大根おろしといっしょに。あっさりとした味で食べられる
焼きナス	焼きナス1本に1廻し。ナスの甘みと味がなじむ
コロッケ	ソースの代わりに使う。よりご飯が進む味に
目玉焼き・卵焼き	醤油やソースの代わりとして。違和感なく食べられるので変化をつけたいときに
サンマの塩焼き	サンマの身をほぐして白いご飯にのせ、軽く1廻し。味が濃くなりやすいので注意
炊き込みご飯	野菜を炒めてタレと絡めてご飯といっしょに炊く。焼き肉の香りがし、食欲をそそる

柚子胡椒
カキフライ　1人前（4〜5個）に1廻し。ニンニクのスパイシーな香りが強調されて美味
ラーメン　ラーメンの胡椒の代わりに小さじ1／2〜1杯加えるとピリリと締まった味に
焼き鶏　薄く柚子胡椒を塗ると、さわやかな風味と痺れるような辛みで後引くおいしさ
ピザ　ピザに柚子胡椒をつけて。チーズの旨みを引き立て、クセになる味
冷たいそうめん　薬味として
うどん　薬味として
そば　薬味として
冷製パスタの味付け　オリーブオイルとプチトマトと柚子胡椒で夏のパスタが完成（P.146参照）
マヨネーズ　マヨネーズは柚子胡椒と相性のいい調味料。サラダなどに使うときアクセントとして
ポン酢　鍋料理を食べるときに柚子胡椒をほんの少しポン酢に溶かして。よりさわやかな香りに
アボカド　アボカド1個につき小さじ1杯からめると、辛み&塩分がアボカドの旨みを引き出す
ソーセージ　マスタードの代わりにつけて食べる。痺れるような辛さが油っぽさをやわらげる
プチトマト+オリーブオイル　オリーブオイル大さじ1に柚子胡椒小さじ1／3を混ぜてプチトマトにからませる。前菜に

ラ

ラー油
味噌、スープ　数滴たらすと風味が立ち、体がポカポカ温まる

カレー　カレーひと皿に2~3滴。ほのかなゴマの香りと香辛料、唐辛子が加わり味が引き締まる

ピザ　ピザ1切れに2~3滴。チーズのしつこさが感じなくなる

アサリの酒蒸し　1人前に2~3滴。貝の甘みが引き立ち、旨みがにじみ出る

コンソメ味のスープ　カップや粉末のコンソメスープに数滴。ピリッとした辛さがコクを増す

コーンスープ　数滴加えることで甘みが薄れ、ピリリとドライな男の味に

刺身　醤油にラー油を数滴加え、つけて食べると韓国風味の刺身に

ワ ワインビネガー

豚の角煮　赤ワインビネガーをほんのひとふりすると脂身まであっさり食べられる

生牡蠣　白ワインビネガーをひとふり。殺菌効果があるうえに生臭みも消してくれる

厚焼き卵　醤油代わりに白ワインビネガー。塩分控えめで、卵の風味を引き立たせる

餃子　酢を赤ワインビネガーに代えて。酸味が強まり、さらにあっさり食べられる

わさび

豚の角煮　ふつうカラシをつけるが、バリエーションのひとつとしてワサビで。さっぱり食べられる

ナムル　少し多めにワサビを塗り、よく混ぜ合わせて食べると日本酒に合うつまみに

下記の文献を参考にさせていただきました

「食材健康大事典」五明紀春監修（時事通信社）
「調味料全書」（柴田書店）
「調味料の基礎知識－その特質と働き－」河野友美著（家政教育社）
「日本の正しい調味料」陸田幸枝著（小学館）
「ヘルシー食材図鑑」服部幸應監修（産調出版）
「厳選。だし、調味料を極める。」文化出版局編（文化出版局）
「石原結實食べ物健康辞典」石原結實著（日本文芸社）
「最新　体にいい栄養と食べもの事典」青野治朗・松尾みゆき著（主婦の友社）
「食の文化話題事典」杉野ヒロコ監修（ぎょうせい）
「うまい味つけの裏ワザ・隠しワザ」平成暮らしの研究会編（河出書房新社）
「調理以前の料理の常識 2」渡邊香春子著（講談社）

青木敦子
フードコーディネーター、イタリア料理研究家、栄養士。フィレンツェ、ミラノ、トリノ、ボローニャにてイタリア料理を学ぶ。主にTV番組のフードコーディネーターとして活躍。また、レストラン・カフェのメニュー開発も手がける。代官山のサロンにてイタリア料理教室を開催。著書に、「冷蔵庫でつくるひんやりデザート」(河出書房新社)「お料理はじめて洋食編」(新星出版社)など。
http://www.d3.dion.ne.jp/~akoa

調味料を使うのがおもしろくなる本

発行日　2007年12月30日　第1刷
　　　　2008年 7 月20日　第10刷
著　者　青木敦子
発行者　片桐松樹
発行所　株式会社 扶桑社
〒105-8070　東京都港区海岸1-15-1
TEL.(03)5403-8859(販売)　TEL.(03)5403-8870(編集)
http://www.fusosha.co.jp/

印刷・製本　文唱堂印刷株式会社
装丁・デザイン　竹下典子
イラスト　タオカミカ／株式会社スプーン

万一、乱丁落丁(本の頁の抜け落ちや順序の間違い)のある場合は扶桑社販売宛にお送りください。送料は小社負担にてお取り替えいたします。

© 2007 Atsuko Aoki
ISBN978-4-594-05558-5
Printed in Japan(検印省略)
定価はカバーに表示してあります。